Das krumme Leben ist der gerade Weg

Impressum

Teschler Verlag / Frauke & Wilfried Teschler GbR
Wilhelmshofalle 77
47800 Krefeld
Telefon: +49 176 61201552
Mail: info@teschler-verlag.de
Internet: teschler-verlag.de
Umschlagbild: „Illustration des Mannes, der die Richtung ändert“ by francescoch
Korrektorat: Thomas Dellenbusch meinkopfkino.de

Rechtliche Hinweise Die vorgestellten Übungen dürfen in ihrer Art nicht geändert werden. Weder der Verlag noch die Autoren übernehmen eine Haftung für die Ergebnisse oder Folgen der Übungen, Behandlungen oder Anwendungen. Im Zweifelsfall müssen Diagnose und Therapie von dazu qualifizierten Fachpersonen durchgeführt werden.

Herstellung und Druck über tolino media GmbH & Co. KG,
Albrechtstr. 14, 80636 München. Printed in Germany.
Fragen zu Produktsicherheit an: gpsr@tolino.media.

Das krumme Leben ist der gerade Weg

So erfüllst du dich selbst!
Die Anleitung

Wilfried Teschler

Inhalt

PROLOG

Ich habe das Buch geschrieben, weil Schreiben mir Spaß macht.
Mein Schreiben ist krumm, jedenfalls an manchen Stellen und mit manchen Worten.
Ich bitte, mir das nicht zu verzeihen, dazu gibt es keinen Grund, es ist meine Art.

VORWORT

Dieses Buch ist für Menschen, die sie selbst sein wollen.
Dieses Buch ist für Menschen, die ihre Sache in die Hand nehmen wollen.
Dieses Buch ist für Menschen, die sich ihren Schuh, der ihnen passt, besorgen wollen.

Sie wollen wissen, was wirklich in Ihnen steckt?
Sie wollen Ihr Leben genießen lernen? Sie wollen Ihre Marotten überwinden?
Sie wollen zwischen den Möglichkeiten Ihres Lebens bewusst auswählen?
Sie wollen Ihre Talente pflegen und herausholen?
Sie wollen eine handfeste Methode zur Persönlichkeitsentwicklung nutzen?
Sie wollen das Leben genießen?
Das Leben ist ein Geschehen, ein Prozess ständiger Veränderungen.
Einfach und in einem kurzen Satz zusammengefasst: Sie wollen Ihr Leben ohne Wenn und Aber zur Verfügung haben!

Das ist die Anleitung für Sie. Zunächst erstellen Sie eine Bestandsaufnahme für Ihr Leben und schaffen eine Grundlage für eine qualifizierte Zukunft. Dann holen Sie sich Ihre echten Stärken heran und bringen sie in Ihr Leben ein. Schließlich entwickeln Sie auf realistische Art und Weise Ihr derzeitiges Leben und Ihre Lebensperspektive: materiell, emotional, sozial und geistig. Zu guter Letzt bringen Sie Ihr rundum gesundes Lebensziel in Erfahrung.
Das sind die Schritte / Themen, die Sie dafür brauchen:

Lernen Sie sich kennen:
Der Zustand Ihres Lebens
Ihr Lebensthema

Lernen Sie sich entwickeln:
Das Lebensideal
Das Lebenskonzept
Die Lebensausgestaltung
Die Lebensfakten

Erfahren Sie die Transformation:
Der Sinn des Lebens
Die Erfüllung des Lebens

Die Texte sind für Menschen, die neugierig auf sich sind.
Die Texte sind für Menschen, die über Maß und Inhalt des stromlinienförmigen Menschen hinauswachsen wollen.

DER NORMALE MENSCH

Der normale [1] Mensch ist, wie gesagt, normal.
Was ist denn schon normal?, kann/sollte man an der Stelle fragen und darauf achten, dass weder die Gedanken noch eine potenzielle Diskussion auf ein pubertäres Niveau abgleiten.
Man kann die Frage ernst nehmen und nicht in der Allerweltsantwort: „Ich weiß nicht, was normal ist" auflösen.
Die Antwort: „Ich weiß nicht, was normal ist", ist entweder eine moralisch gefärbte, eine Antwort aus Feigheit oder aus Dummheit und Nichtwissen.

Der normale Mensch bildet den menschlich - gesellschaftlich Normalfall.
Es ist der Mainstreammensch.

Ich finde: Wir brauchen kein neues politisches System, wir brauchen Menschen, die sich selbst, ihre Qualitäten, ihr Können und ihre Visionen leben. Dann regelt sich in unserem Gemeinwesen auch vieles wie von selbst wie von Zauberhand zum Guten.
Solche Menschen können ein politisches, gesellschaftliches und wirtschaftliches System entwickeln, das wirklich dem Menschen und nicht irgendwelchen Idealen dient.
Das System sollte aus den Menschen stammen [2]!
Dieses potenzielle soziale System ist nicht von einer Elite ausgedacht, es ist unideologisch. Das ist meine Vision, mein Wunsch und vielleicht unsere Zukunft.

Für die Menschen, die zu sich kommen und sozial – gesellschaftlich wirken wollen, schreibe ich das Buch. Wir brauchen (eigentlich) keine neuen Menschen. Wir brauchen Menschen, die sich entwickeln, die sich aus dem Normalfall des Durchschnittsmenschen heraus entwickeln (entpuppen) wollen und es dann auch noch tun und leben.
Das ist menschlich, das ist revolutionär.

DER MÖGLICHE MENSCH

Der mögliche Mensch ist ein Mensch, der so ist, wie er ist und mitten im Leben steht.
Der mögliche Mensch ist der Mensch, der in sich ruht und tut und lässt, was er tut und lässt.
Der mögliche Mensch ist ein Mensch, der so lebt, wie es ihm entspricht, in seiner ausgereiften individuellen Art und in seinen selbstbestimmten Lebensverhältnissen.
Der mögliche Mensch ist ein bewusst - soziales Wesen.
Der mögliche Mensch ist ein Wesen mit Bewusstheit.

Mir liegt es seit eh und je am Herzen, dass der Mensch sich aus dem Menschen heraus entwickelt und zum Menschen wird. Mir ist seit eh und je wichtig, dass der Mensch nicht wie eine möglichst gut geölte Maschine funktioniert, sondern aus seiner herzlichen Menschlichkeit heraus.
Jeder Mensch sollte dazu die Möglichkeit bekommen. Mit dieser von mir entwickelten Methodik / Strategie kann man sich / können Sie sich in diese Richtung entwickeln.
Wenn Sie wollen!
Probieren Sie!
Versuchen Sie es!

Gehen Sie der Einfachheit halber davon aus, dass Sie eigentlich so leben könnten, wie Sie - mit Ihrem entwickelten Potential - sind.
Wollen Sie so frei, vital und kreativ leben, wie Sie eigentlich sind?
Ich gehe davon aus, Sie können es.
Wollen Sie?

Ich finde, jeder Normalmensch braucht mehr Erkenntnis und Mut und nicht noch mehr das unbewusst Graue der Normalmenschlichkeit.

Er braucht: Bewusstsein und Bewusstheit und einfach mehr Energie, mehr Geist und mehr Kreativität.

Der mögliche Mensch hat sich selbst gewonnen. Bewusstheit ist sein größter Gewinn, und dafür kann man sich nichts kaufen, außerdem ist es unbezahlbar. (Wer möchte, kann sich an den Teufel verkaufen, einen Ferrari fahren oder einen Chronographen mit der Herkunftsbezeichnung Glashütte oder Rolex um das Handgelenk binden, ein Haus bauen, mindestens ein Kind in die Welt setzen, Jäger werden und ein Boot besitzen.) Man kann sich dann, wenn man möchte, für einen wirklichen Gewinner halten.

Wollen Sie ein voll bewusster und verantwortungsvoller Mensch sein? Das Buch funktioniert wie eine Landkarte, den Weg können Sie anhand der Wegweiser gehen.

Wer es nicht versucht, kann nicht scheitern, denn ...
Wer es versucht, dem kann es gelingen.
Wer es nicht versucht, ...!
Also, entscheiden Sie sich bitte, bewusst.

SELBSTERFAHRUNG UND ENTWICKLUNG

Verstehen Sie Ihr Leben?

Natürlich verstehen Sie irgendwie Ihr Leben!
Sie sind doch schon bis zum heutigen Tag gekommen, also ...
Also sind Sie zumindest lebenserfahren.

Verstehen Sie Ihr Leben?
Verstehen Sie sich und Ihr Leben?
Oder doch nicht so ganz?

Sagen Sie: Ich lebe, das reicht?
Ich lebe gut, ich lebe ziemlich gut, das reicht?
Wirklich?

Gut leben ist möglich.
(Was ist denn eigentlich „gut" leben?)
Ferrari, Glashütte, der nächste Schnief, feste Arbeitsstelle, Mindestlohn, Proktologenbesuch, immer genug Essen, passende Kleidung, wenig Fett am Leib?

Sich selbst verstehen ist mit Ferrari und Co möglich, das ist eindeutig kein Hindernis. Wer sein Leben und sich tief versteht, erlebt mehr, sieht mehr, fühlt mehr, kann mehr möglich machen. Das kann ein richtig gutes Leben werden. Möglich ist es!

Selbsterfahrung ist (irgendwie) gut! Sich selbst verbessern, ist auch möglich. Jeden Tag ein wenig besser, das ist schon viel, manchen ist es zu viel.

Ach, was bin ich (W. T.) so negativistisch und gebe hier des allgemeinen Volkes allgemeine Meinung und Haltung zu sich selbst und anderen wieder. (Jedenfalls meine ich, ich täte das.)

Mein Buch, die Texte, der Inhalt und meine Liebe gilt den Menschen, die wollen, die wirklich sich wollen. Diejenigen, die das Beste wollen, was erreichbar ist. Diejenigen spreche ich an, die wirklich das Beste wollen:
Das Beste sind Sie selbst. Besseres gibt es nicht, jedenfalls ist das in meinen Augen so. Ich suche Menschen, die ihr Bestes im Visier haben.
Das sind diejenigen, die mehr wollen, als nur einfach so vor sich hin und her leben, pünktlich aufstehen, zur Arbeit gehen, heiraten, Haus bauen, Kinder machen und schließlich dann doch und trotz allem sterben.

Für nix, wieder nix und schließlich auch für gar nix, könnte man meinen.

Wie das bessere Leben möglich und machbar ist?
Wollen Sie das wissen?
Wirklich?
Besser doch nicht, denn ...
Besser doch, weil ...
Doch: Ich will es wissen!!!

Gleich, wie Sie sich entscheiden: Ja oder Nein, Sie ernten die Ergebnisse Ihres Lebens **immer**, so oder so.
Verlassen Sie sich darauf.
So ist es.
Geben Sie sich die Erlaubnis, sich wirklich zu erkennen.
Geben Sie sich die Erlaubnis, sich so zu verändern, dass Sie sagen können:
„Ich bin, was ich bin."

Geben Sie sich die Erlaubnis, Ihre Talente zu leben und die Lebensbedingungen so zu verändern, um bewusst Mensch zu sein (auch wenn Sie jetzt nur ahnen können und noch nicht wissen, was das genau ist).
Erlauben Sie sich, selbst zu sein.
Erlauben Sie sich, Sie selbst zu werden und zu sein.

In diesem Text sind die Möglichkeiten beschrieben, das Wissen um sich selbst mit Erfahrung zu bewahrheiten, zu verwerfen und Bewusstheit zu entwickeln.
Später im Text beschreibe ich die Möglichkeiten, Ihren derzeitigen Zustand sanft und zugleich radikal und Ihren Möglichkeiten entsprechend so weit zu verbessern, dass Sie vom Bewusstsein zur Bewusstheit gelangen, und ohne den bei Normalmenschen vorhandenen Schatten leben können.

Ohne Guru, ohne Moral, ohne die Garantie, das Ziel zu erreichen, doch mit Aussicht auf Erfolg.
Sie sorgen selbst dafür, dass Sie das Ziel erreichen. Sie sind der einzige Mensch, der das durch Fleiß, Beständigkeit, Ehrlichkeit, (zunehmende) Klugheit und einige andere menschliche Qualitäten anstreben kann.
Ob Sie Ihr Ziel zum Ergebnis machen können: „Ich bin Ich" (= Bewusstheit = Ich bin Zuhause = Ich bin angekommen), bleibt wie gesagt offen, bis Sie es erreicht haben. Wie sagt man so klar und treffend:
„Wer nicht wagt, der nicht gewinnt."
„Wer nicht den ersten Schritt macht, kommt niemals ans Ziel."
Das sind Allerweltsweisheiten.

Es mag dumm, abgedroschen und dämlich klingen.
Der Inhalt stimmt.

Mir geht es darum, vielen Menschen Möglichkeiten an die Hand zu geben, wie sie ihr Leben besser leben können. Das heißt: (innen) bewusst und (außen) mit der der Persönlichkeit adäquaten Lebensqualität zu leben. Oder auch so ausgedrückt: Mir geht es darum, dass Sie mit Hilfe der im Text vorgestellten „Schlüsselsätze" zum Drachenreiter werden.

Denn: Je mehr Menschen Drachenreiter [3] sind, desto besser geht es uns allen. Je mehr Menschen „Ich" sind, desto kreativer, lebendiger und engagierter ist der Einzelne. Die Folge ist wiederum eine Rückwirkung auf den Einzelnen, der mag dann wahrscheinlich mehr Lebens- und Spiellust verspüren. (Da sprechen wohl die Reste der Denke des (ehemaligen) Sozialarbeiters in mir > siehe auch das Kapitel: „Über mich".)

Einfach: Je mehr Menschen die Bewusstheit als Mensch erreichen, desto einfacher wäre die gesellschaftliche Entwicklung.

Tipp: Versuchen Sie doch jetzt schon „Bewusstheit" zu erfühlen. Wenn Sie es schaffen, haben Sie Fühlung mit einem möglichen Ziel aufgenommen.

Meine Erfahrung: Wenn jemand sein Leben erfährt, sitzt er in seinem Leben mittendrin, ohne Wenn und Aber.
Der Mensch ist sein Leben. Er ist es immer, gleich in und mit welchem Bewusstseinszustand. Er wird es nicht bewusst haben, wenn er sich nicht darum bemüht. Geschenkt bekommt niemand Bewusstsein und Bewusstheit.

Es ist so, weil viele Menschen für viele Lebensbereiche und Möglichkeiten keine Idee, kein Gefühl und (noch) nicht einmal ein Irgendetwas haben. Eine Vision von sich selbst ist nötig und möglich.
Wenn man großenteils empfindungslos ist, kann man meinen, dass man mit dem dann noch erlebbaren Rest empfindungsreich wäre. Damit meine ich Hochleistungssportler, flache Büroangestellte, dumme Geistesakrobaten, dumpfe Fleischfresser und verstockte Veganer und zudem die meisten Religiösen und Ideologen dieser Welt.

Dem Menschen, der versteht, ist klar, dass er sich / es / das Leben nicht zu verstehen braucht.
Er - sie - es „ist".
Der Mensch ist und das in ständiger Bewegung und Entwicklung.
Dann passt kein Blatt Papier zwischen Leben und Mensch (um wieder einen gängigen Spruch zu bemühen).

Die Alternative zur Bewusstheit ist möglich: Jeder Mensch kann (weiter so) leben wie bisher, angeblich frei, unhinterfragt, nicht und vielleicht sich nur sekundenweise bewusst, dass man wirklich lebt. Jeder Mensch lebt trotzdem, das ist klar. Man steht auf, geht zur Arbeit, baut ein Haus, pflanzt einen Baum, fährt eine Yacht (?) und ...
Wie steht es bei Ihnen, wie ist es in und mit Ihrem Leben?

Vielleicht meldet sich wie beiläufig der meist stille und unaufhörliche Schmerz, ein Mensch zu sein. Vielleicht kommt gelegentlich die Frage auf: „Soll das alles gewesen sein?"

Man kann auch die übliche (amerikanisch – esoterische) Frage stellen: „Woher komme ich – Wohin gehe ich?", und in der Folge innerlich nicht zu sich zu kommen, oder man kann sich die sinnvolle und einfache Frage stellen: „**Wer** bin ich?"
Wer ernsthaft die Frage stellt: „Wer bin ich?", erhält als Antworten das Wissen über die Rollen, die „man" im Leben spielt, oder:
Man kann (ebenso ernsthaft) die Frage stellen:
„**Was** bin ich?"
Dann kann man erfahren, was die eigene Substanz ist.
Wie dem auch sei oder wo das Interesse auch hingehen mag, stellen Sie ab und zu die Frage: „Wozu und wem dient das?"[4]
Es ist sinnvoll, sie zu stellen. Das werden Sie an der Antwort erkennen, wenn Sie die Frage ehrlich und aus vollem Herzen stellen.

Wofür soll mein Leben gut sein?
Wofür ist mein Leben gut?
Man kann über die Frage hinweggehen, man kann sich auch der Frage stellen.

Wenn man sich den Fragen „Wer bin ich?" = außen / „Was bin ich?" = innen stellt, dann wird das Leben wirklich interessant, und man macht sich auf seinen Weg, von dem man vielleicht nie wieder zurückkehrt.

Eine schöne Lebensreise wünsche ich.
Um das möglich zu machen, sollte man „Es wissen wollen“.
Was bin ich?
Wer bin ich?
Was ist leben?
Wie soll / kann mein Leben sein?
Das sind Fragen, die Lust auf das Abenteuer Leben machen.

DER WEG

Will ich das Ziel erreichen, mein Leben so leben zu können, wie es wirklich das meinige ist, sollte ich zunächst klugerweise eine Bestandsaufnahme machen. Ich bin sogar der Ansicht, man muss eine Bestandsaufnahme machen, weil man möglichst genau wissen sollte, wo man steht und welche Ausgangsbedingungen man selbst und das Leben mit sich bringen.
Ein Mensch nimmt ein „Muss“ auf sich, wenn er ein ernstzunehmendes Ziel hat. Dann gibt es wahrscheinlich nicht nur ein „Muss“, es gibt dann mehrere, vielleicht sogar viele Bedingungen, um das Ziel zu erreichen und es wirklich zu einem Ergebnis zu machen.

Das erste „Muss“ stelle ich Ihnen hier vor, andere werden sich (unmerklich) ergeben: Man muss die Ausgangssituation kennen.
Meist möchte der Mensch, hat er ein Ziel ins Auge gefasst, das Ziel sogleich aktiv in Angriff nehmen und sich auf den Weg machen. Verständlich, weil man das Ziel möglichst schnell und gerne erreichen möchte. Das ist jedoch im wahrsten Sinne des Wortes nicht zielführend, wenn man das Ziel zu einem Ergebnis machen möchte.

Bei sich und im Leben ankommen, das ist das Ziel.

Ist Ihnen das schon mal aufgefallen: Wenn „man“ sich „angekommen“ fühlt, ist sehr, sehr oft ein anderes Ergebnis zustande gekommen als das Ziel, welches man zunächst / anfangs erreichen wollten? Das mag daran liegen, dass Sie sich nicht über die Ausgangssituation / Grundbedingungen im Klaren waren.

Um eine fundierte Grundlage für das Erreichen eines Zieles zu schaffen, braucht man eine qualifizierte Bestandsaufnahme. Das macht jeder Arzt. Zuerst die Symptome listen, dann die Befundaufnahme erstellen, dann eine Diagnose stellen, und dann

kommt erst die Behandlung/Intervention.
So ähnlich gehen wir auch vor.
Sie werden den Sinn der Abfolge einsehen und lieben lernen.

Hier kommt die Anleitung.

Ich habe eine Technik entwickelt, um die Bestandsaufnahme der relevanten Lebensverhältnisse einfach zu erkennen. Wir nutzen Schlüsselsätze, die die Bereiche des Bewusstseins erschließen, in denen die Informationen zu den angesprochenen Themenbereichen abgespeichert sind. Ihr inneres Wissen um die Sachverhalte wird so weit ins Tagesbewusstsein gehoben, wie Sie es zulassen und verarbeiten können.

Manche Inhalte der Bestandsaufnahme bringen Überraschungen und wahrscheinlich auch Motivationen mit sich, damit Sie Ihr Leben beim Schopfe packen können und es so leben, wie es vollständig das Ihre ist.

LERNEN SIE SICH KENNEN

Mein Leben

Es ist sehr einfach, sich mit der folgenden Anleitung einen Zugang zu dem zu verschaffen, was Ihr Leben ausmacht. Holen Sie sich die geistigen, emotionalen, körperlichen, sozialen und lebenspraktischen Inhalte, die Sie benötigen, um eine fundierte Basis für Ihre Weiterentwicklung zu schaffen.

Lesen Sie zunächst die gesamte Anleitung zum Thema: „Das ist mein Leben."

Dann stellen Sie sich bitte hin, weil man im Stehen wach bleiben muss und sich so besser konzentrieren kann als im Sitzen. Stellen Sie sich stabil auf beide Füße, halten Sie sich nirgendwo fest, lehnen Sie sich nirgendwo an, wenn nicht unbedingt nötig. Stehen Sie möglichst gerade und ohne Verkrampfung. Die Füße befinden sich in Schulterbreite, beide Arme lassen Sie zunächst am Körper herunterhängen.
Ist es unumgänglich, dass Sie sitzen, dann legen Sie bitte die Hände auf die Oberschenkel und setzen sich so gerade wie möglich und ohne Anspannung hin.
Ganz einfach.

Der nächste Schritt ist für viele etwas schwieriger.
Sie brauchen einen Schlüsselsatz, um den Bereich des inneren Wissens und Erlebens aufzuschließen, in dem das innere Wissen über Ihr Leben untergebracht ist.
Der Schlüsselsatz ist einfach.
Er heißt: **„Das ist mein Leben."**

Atmen Sie gut und ruhig und sprechen Sie den Schlüsselsatz laut oder leise in sich:

„Das ist mein Leben."

und lassen Sie das, was Ihr Leben **ausmacht**, das, was Ihr Leben ist, vor Ihrem inneren Auge entstehen.
Vielleicht „erscheint“ es auch als eine Empfindung, eine Erkenntnis, ein Wort oder ein Satz, der Ihr Leben in verdichteter Form wiedergibt.
Sie können Ihr Leben auch in einer treffenden Symbolik vor dem inneren Auge entstehen lassen. Versuchen Sie, die Bedeutung der Symbolik zu verstehen.
Das Wichtige ist: Akzeptieren Sie, was als Resonanz auf den Schlüsselsatz in Ihnen entsteht und was Sie erleben.

Wer wach ist und in sich hinein hört, vernimmt oder spürt die Resonanz nach kurzer Zeit. Die Erkenntnis der Resonanz muss nicht sensationell sein. Meist findet sie über Empfindungen statt. Es können auch Bilder, Symbole und Geräusche wahrgenommen werden. Deswegen: wach sein, spüren, auf sich und in sich hineinhorchen.
Und: Wer gut und sanft atmet, kann das Thema besser spüren und schließlich auch verstehen.

Lassen Sie die Resonanz, lassen Sie die Antwort auf Ihren Schlüsselsatz schwingen.
Erleben Sie.
Erleben Sie einfach so.
Erfahren Sie, was und wie „Ihr Leben“ ist.
Erfahren Sie, erleben Sie: „Mein Leben“, einfach so, ohne Erwartungen, ohne Vorurteile.
Was löst die Resonanz in Ihnen aus?
Welches Erleben?
Welche Erkenntnis?
Welche Erkenntnisse?
Manchmal erscheint die Resonanz diffus. Sollte das der Fall sein, bleiben Sie im Erleben und lassen Sie es sich wie von selbst ordnen. Es kann auch sein, dass Ihr Leben wirklich diffus und vielleicht sogar durcheinander ist.
Das kann so sein, es kann auch sein, dass es geordnet zielgerichtet und sinnig erscheint.

Eine weitere radikale Möglichkeit ist, dass nichts erscheint, nichts spürbar ist, dass Sie nichts hören oder irgendwie wahrnehmen. Vielleicht ist Ihr Leben genauso. Lassen Sie sich Zeit, um die Erfahrungen zu machen, zu akzeptieren und zu verstehen.

Wiederholen Sie die Übung in Abständen, bis Sie möglichst alle Zusammenhänge erkennen und begriffen haben. Das erkennen Sie daran, dass Sie wissen und spüren, dass die Erfahrung umfassend und rund ist. Das Bewusstsein der Zusammenhänge Ihres faktischen Lebens ist ein wichtiger Schritt zur Selbsterfahrung und zum Selbstverständnis.
Erlebt man „Mein Leben" sogar als eine dreidimensionale Einheit, kann das eine gewaltige und nachhaltige Erfahrung und Erkenntnis werden. Lassen Sie die Resonanz, die Erfahrungen, die Erkenntnisse wirken und sich entwickeln. Geben Sie sich die Zeit dafür. Erlauben Sie sich, die Resonanz in Ihnen und wenn möglich auch um Sie herum zu erleben.
Erleben Sie einfach, einfach so.

Eine Möglichkeit zur Erweiterung:
Sie können mit Ihrer Selbsterfahrung einen großen und guten Schritt weitergehen.
Sie können, wenn Sie wollen!
Sie können, wenn Sie wollen, einem Bewegungsimpuls, der (sehr wahrscheinlich) während der Übung entsteht, nachgeben. Das mag zunächst befremdlich erscheinen, wird aber verständlich, wenn man erkennt, dass das Erleben des Lebens eine Energiestruktur ist. Diese Energiestruktur kann eine feste Form haben oder beweglich sein. Es ist genauso wie das Leben, es kann eine feste Form haben oder beweglich sein. Lassen Sie es zu, dass Sie körperlich die Haltung / Bewegung ausdrücken. Lassen Sie zu, dass Sie Ihr Erleben in eine körperliche Form / einen körperlichen Ausdruck bringen.
Auf diesem Weg erfahren Sie zusätzlich auch Ihre Lebenshaltung.

Zudem: Mit der Verkörperlichung der Energiestruktur wird die Erfahrung dessen, was Ihr Leben ausmacht, erlebbarer, deutlicher und begreifbarer.
Probieren Sie es aus!
Falls das Erleben Ihnen zu deutlich und zu intensiv wird, können Sie jederzeit aus der Haltung und der Übung aussteigen, sich ausruhen und später nochmal in die Übung einsteigen.

Wer sich zutraut, die Lebenshaltung entstehen zu lassen, sieht sein Leben in seiner Form. Mit der Haltung drücken Sie die Art und Weise Ihres Lebens aus. Wahrscheinlich werden Ihnen die Inhalte noch deutlicher, und Sie erlauben sich, Ihr Leben einschließlich Ihrer Körperlichkeit noch klarer kennenzulernen. Mit der Haltung machen Sie Ihr Leben im wahrsten Sinne des Wortes für sich anschaulich.
Probieren Sie es aus!
Nehmen Sie die Lebenshaltung hinzu, kann die Übung sich zu einer wunderbaren, grandiosen und unbezahlbaren Selbsterfahrung ausweiten.

Das ergibt eine prägnante und umfassende Bestandsaufnahme.

Wenn Sie möchten, wiederholen Sie die Übung.
Tipp: Es ist immer wieder gut, tief und ruhig zu atmen.

Damit Sie Ihr Leben beim Schopf packen und so leben können, wie Sie wollen und es Ihre Art ist, „müssen" Sie das Bekannte kennenlernen und darüber hinausgehen. Das heißt: sich ändern.

Denn: Sie haben sicherlich schon viel in Ihrem Leben erreicht, doch das, was Sie eigentlich sein könnten und was Sie tun und lassen könnten, liegt noch vor Ihnen. Es steckt noch mehr in Ihnen, als Ihnen bisher bekannt ist. Das können Sie mir glauben. Vielleicht ahnen Sie es sogar.

Ich nehme an und hoffe, Sie haben viel über sich gelernt und sehen sich hier und da und an manchen Punkten in Ihrem Leben schon in neuem Licht.

Wenn Sie möchten, können Sie sich im nächsten Schritt um Ihre Weiterentwicklung, Persönlichkeitsentwicklung und um die Perspektive kümmern.

Das Lebensthema

Das ist ein weiterer und wesentlicher Aspekt der Bestandsaufnahme.

Jedes Leben hat sein ihm ureigenes Lebensthema.

Jeder Mensch hat ein Lebensthema, gleich ob es ihm bewusst ist oder nicht.

Besser und bewusster lebt es sich, wenn man das Lebensthema kennt. Man weiß dann, wo man bei sich dran ist. Man kann bewusster Entscheidungen treffen, die mit sich selbst kongruent sind. Das Lebensthema ist das Maß des Lebens. Ist doch einleuchtend, oder?

Das Lebensthema ist das Thema, um das sich alles in Ihrem Leben dreht, von Beginn an, bis zum Erreichen des letzten Atemzuges. Das Lebensthema ist Ihr wirklich echter roter Faden, der sich durch das Leben zieht. Das Lebensthema ist so wichtig wie die Radnabe beim Rad.

Wissen Sie, was das Lebensthema ist?

Wollen Sie es wirklich wissen, erspüren und erleben?

Wirklich?

Das Thema ist immer [5] vernünftig und lebensbejahend.

Ist es dem Menschen (in diesem Falle Ihnen) bewusst, hat das Folgen!

Das Erleben, dass man sich bewusst für sich und nicht unbewusst gegen sich oder für andere und anderes entscheidet, geht mit dem Kennen des eigenen Lebensthemas einher.

Falls man sich auf Grund der Kenntnis des Lebensthemas für sich entschieden hat, braucht man sich nicht vor den Folgen zu fürchten. Man steht mitten in seinem eigenen Leben, was man verantworten kann, auch wenn alle anderen anderer Ansicht sind.

Man beachte: Eltern, Lehrer, die Gesellschaft, Religionen, Ideologen vermitteln gerne solche Lebensthemen, die mit Sicherheit und bei Lichte betrachtet im Interesse der Eltern, Lehrer, der

Gesellschaft, Religionen und Ideologen sind oder sogar im Internet empfohlen werden. Dazu sage ich: Cave canem (lt. hüte dich vor dem Hund).

Es ist so:
Wenn Sie wissen, was Ihr Lebensthema ist und worum sich Ihr Leben wirklich dreht, können Sie einfach wacher[6] werden, als Sie derzeit sind.
Meine Prognose: Sie werden sich und das Leben in seinen Fakten und deren Zusammenhängen besser spüren, sehen und verstehen!
Sie werden sich selbst besser verstehen, sich vielleicht sogar über sich wundern und auf Grund der Kenntnis Ihres Lebensthemas über Ihren bisherigen Lebensstil hinauswachsen.

Das Lebensthema sollte man nicht mit den Themen verwechseln, die in den jeweiligen Altersabschnitten (Kindheit: Körperlich werden; Jugend: Orientierung; Erwachsenenzeit: Verantwortung; Alter: Ernte/Vergeistigung) prägnant sind. Das Lebensthema, das ich meine, steht hinter all diesen Lebensabschnittsthemen und zieht sich wie ein roter Faden von der Konzeption (Empfängnis/Zeugung) bis zum letzten Atemzug durch. Es ändert sich im Stil und Ausdruck und vielleicht auch in der Intensität, es ändert sich nicht im Inhalt, in seiner Substanz oder in der Ausrichtung.
Das Thema selbst ist und bleibt neutral jeglicher Moral und Ethik gegenüber. Jeder Mensch hat ein Lebensthema, ob er sich dessen bewusst ist oder nicht. Wie es gelebt wird, ist in jedem Lebensabschnitt unterschiedlich. Ausschlaggebend ist, wie man das Lebensthema versteht, zu ihm steht, wie man sich dafür einsetzt und es ausformt.

Wie Sie Ihr Lebensthema verstehen, ist abhängig von Ihrer Bewusstheit, bzw. Ihrem Bewusstseinsgrad. Ihr Bewusstsein für sich und Ihr Leben wird sich mit den Übungen im Lauf der Zeit und der Arbeit mit den folgenden Techniken vergrößern und damit auch die Erkenntnis über das Lebensthema.

Gleich wie man es versteht, damit umgeht und wie man es ausformt, das Prinzip des Themas bleibt gleich. Es ist und bleibt im Kern immer dasselbe. Wie die Form gelebt wird, ist dem jeweiligen Alter und den Lebensumständen angepasst. Ausschlaggebend für die Art, das Thema zu leben, ist die Qualität des Verständnisses.

Das Thema ist wie die **Nabe** eines Rades.
Die Nabe dreht sich nicht, das gehört zu Ihrer Eigenart. Sie bleibt gleich und ist immer an gleichem Ort und gleicher Stelle. Eine Radnabe ist der Mittelpunkt eines Rades, um den sich das Rad dreht.
Alle anderen Themen im Leben werden durch das Lebensthema beeinflusst und „gefärbt". Man kann sagen, doch dazu muss man tief in das Lebensthema einsteigen: Alle anderen Themen des Lebens sind positive, negative oder neutrale Variationen des zentralen Themas.
Man bedenke: Ohne Radnabe verliert das Rad seinen Sinn, Zweck und die Funktion. Das beschreibt die Wichtigkeit des Lebensthemas.

Wie viele Lebensthemen mag es geben?
Wahrscheinlich ist kein Thema eines Menschen gleich dem eines anderen.
Ich vermute, es sind so viele, wie es Menschen gibt. Wer sein Lebensthema nicht kennt, erfährt nicht das Wichtigste in seinem Leben: Das, worum sich alles dreht.
Schade.
Na ja, wie gesagt: Man muss es nicht bewusst wissen, man lebt das Thema sowieso. Es ist jedoch die Frage, auf welchem Niveau und mit welcher Erfüllung Sie Ihr Leben leben.
(Je tiefer man in das Thema Lebensthema einsteigt, desto klarer wird, dass alle Menschen das gleiche Lebensthema haben. Das mag zu den Aussagen, die ich bisher getroffen habe, widersprüchlich klingen. Das allgemeine Thema ist „Liebe". Das ist kein Widerspruch zu der Aussage, dass jeder Mensch ein anderes Lebensthema hat. Sie werden diese Erfahrung ebenfalls machen, wenn

Sie wie ich die Lebensthemen vieler Menschen bis zum Ursprung kennen. Es sind immer Variationen des Themas Liebe.)

Die Lebensthemen sind wie eine Pyramide aufgebaut. „Unten" sind sehr viele Variationen zu finden. „Oben" ist nur ein einziges „Wort" für die letztendliche Lebensthematik: Liebe, Nichts, Bewusstheit, Es, Ich, Kraft, Energie. Die Worte sind Hinweise auf das, was es ist, sie beinhalten nicht das, was „es" ist. Die Wahrnehmung und das konkrete Erleben sind abhängig vom Bewusstseinsgrad des Menschen.
Damit kann auch verständlich werden, dass das Erkennen des Lebensthemas wichtig ist, wenn man die Schönheit seines Lebens erleben und genießen, seinen urmenschlichen Sinn realisieren und als bewusster Mensch leben möchte. Gleich wie klein, süß, unbedeutend, groß, farbig, politisch, berühmt, umfangreich, eigenartig, verrückt oder bewegt Ihr Leben ist, es dreht sich immer um die Radnabe.
Das ist so.

Das Lebensthema ist, obwohl alle sich danach richten, für die allermeisten Menschen schlichtweg unbewusst.
Der Grund oder die Gründe mögen darin liegen, dass das Thema offensichtlich und wie selbstverständlich im Leben integriert ist, es kann auch daran liegen, dass es für das Bewusstsein so weit entfernt erscheint, dass es im täglichen Lebenslauf nicht denkbar oder fühlbar ist.
Es kann sein, dass Menschen so empfindungs- und gefühllos sind, dass Worte und ein Verständnis für sich und das Kernthema des Lebens nicht zugänglich sind.
Oder, oder, oder ...

Fragt man jemanden (oder sich selbst) nach dem Kernthema des Lebens, raten und rätseln viele einfach so herum. Allgemein ist kaum jemandem (ehrlicherweise) klar, was es ist und welche Relevanz es hat.
Das ist das Normalbefinden des Normalmenschen.

Mit dem Normalzustand, dieser Art Unbewusstheit und deren Gründen sollen sich „normale“ Menschen, die rückwärts blicken, befassen, meine ich. Mit den Möglichkeiten des Menschseins und der Bewusstheit sollen sich die Menschen befassen, die mehr Mensch möglich machen wollen.
Ich möchte mich mit den Gründen der weit verbreiteten Unbewusstheit nicht befassen, ich vermute, dass sie zu vielfältig sind.

Wichtig ist, ob und wie der Mensch das Lebensthema in Erfahrung bringen möchte, und wie er es in Erfahrung bringen kann. Eine Art und Weise mit dem dazugehörigen Setting beschreibe ich im Folgenden.
Ob Sie Ihr Lebensthema in Erfahrung bringen wollen, hängt von Ihnen ab. Bedenken Sie: Gleich ob Sie das wollen oder nicht, das Lebensthema ist und bleibt wirksam.

Anleitung zur Bewusstwerdung des Lebensthemas

Ich bitte Sie, sich stabil auf beide Füße zu stellen, sich nirgendwo festzuhalten oder anzulehnen. Stehen Sie bitte möglichst gerade und ohne Verkrampfung. Die Füße befinden sich in Schulterbreite, beide Arme lassen Sie am Körper locker herunterhängen. Ich bitte Sie, die Haltung einzunehmen, weil man im Stehen wach bleiben muss und sich so besser konzentrieren kann als im Sitzen.
Sollten Sie sitzen müssen, legen Sie bitte die Hände auf die Oberschenkel und setzen sich so gerade wie möglich und ohne Verkrampfung hin.
Eigentlich ganz einfach.
Bis jetzt.

Der nächste Schritt ist für viele etwas schwieriger.
Man braucht einen **Schlüsselsatz**, um den Bereich des inneren Wissens und Erlebens aufzuschließen, in dem das Kernthema des Lebens untergebracht ist.
Der Schlüsselsatz ist einfach.

Er heißt: **„Das ist mein Lebensthema.“**

Sie sagen ihn innerlich leise oder sprechen ihn hörbar laut aus. **Achten Sie auf die Resonanz**, die daraufhin geschieht.
Es ist wirklich einfach.
Spüren Sie hin, fühlen Sie hin, hören Sie hin und erleben Sie. Sanft, aufmerksam und ruhig.
Atmen Sie gut.
Wenn man den Schlüsselsatz innerlich oder auch laut gesprochen hat, muss man auf die Resonanz, die dieser Satz auslöst, achten, weil die Resonanz die Antwort ist.

Die Resonanz kann über unterschiedliche Sinne wahrgenommen werden.
Man kann die Resonanz
- spüren,
- in einem Symbol erkennen,
- in einer Erinnerung wiederfinden,
- man kann von der Intensität überrascht und auch sehr überrascht sein,
- man kann auch kaum etwas wahrnehmen.

Man sollte still sein, um die Resonanz, in welcher Form auch immer sie erscheint, wahrzunehmen. Wundern Sie sich nicht, wenn das Lebensthema kein Wort, kein Bild oder auch kein Ton oder irgendwie Gegenständliches ist.

Es kann als ein Etwas erscheinen, zart, fein, ohne Worte, ein zartes Empfinden sein, ohne Struktur und scheinbar ohne Inhalt. Die Resonanz kann wie ohne Sinn und Zweck daherkommen.
Man sollte auf jeden Fall innerlich wach, entspannt und auf alles Mögliche und auch nicht Erwartetes vorbereitet sein. Doch so spannend, wie es durch meine Beschreibung erscheinen mag, ist die Resonanz meist nicht.

Wer wach ist und in sich hinein hört, vernimmt die Resonanz nach kurzer Zeit. Die Erkenntnis der Resonanz muss nicht sensationell sein. Sie kann sogar „normal" sein, so normal, dass man sie übersehen kann.

Deswegen: gut atmen, wach sein, auf sich und in sich hineinhorchen. Es ist wirklich so: Wer gut und sanft atmet, kann das Thema besser spüren und schließlich auch verstehen.

Lassen Sie die Resonanz, lassen Sie die Antwort auf Ihren Schlüsselsatz in Ihr Spüren und Bewusstsein kommen.
Erleben Sie.
Erleben Sie's einfach.
Erfahren Sie, was „es" ist.
Erfahren Sie.
Was und wie ist die Resonanz?
Was löst die Resonanz in Ihnen aus?
Welches Erleben?
Welche Erkenntnis?
Vielleicht sogar Erkenntnisse?
Lassen Sie die Resonanz sich in Ihnen verteilen und wirken.
Was macht die Resonanz in und mit Ihnen?

Was möchten Sie mit der Resonanz machen? Ich hoffe, zunächst nichts. Lassen Sie die Resonanz in Ihnen existent sein und sich vielleicht sogar ausbreiten, lassen Sie die Erfahrung, die Erkenntnis wirken.

Gestehen Sie es sich zu, die Resonanz in Ihnen und wenn möglich um Sie herum zu erleben. Erleben Sie einfach. Erleben Sie nichts? Dann werden Sie sich klar darüber, ob Sie nicht erleben, weil keine Resonanz stattfindet oder Nichts die Antwort ist.
(Wenn Sie wirklich nichts wahrnehmen: Warum ist das so? Weil keine Resonanz stattfindet, Sie nichts wahrnehmen oder die Taubheit allzu groß ist? Dann wiederholen Sie die Übung mit den Schlüsselworten später nochmals.)

Sie haben (hoffentlich) das Thema erkannt? Nun können Sie es weiter nachklingen lassen. Versuchen Sie, die Resonanz auch in Ihren Lebenszusammenhängen zu finden und zu verstehen.

Mein Tipp: Lassen Sie die Resonanz noch tagelang immer wieder in Ihr Bewusstsein kommen. Einfach so, ohne Anspruch und ohne sie verändern zu wollen. Vielleicht verändert sie sich aus sich selbst heraus, wird immer klarer, deutlicher und verständlicher.

Ich werde immer wieder gefragt, welche Themen ein Lebensthema bilden können. Dazu kann ich sagen: Jedes menschenmögliche Thema kann das Lebensthema bilden. Meist handelt es sich um ein Substantiv der sprachlichen, emotionalen oder körperlichen Metaebene. Manchmal überschneiden sich die Ebenen und lassen sich nicht deutlich unterscheiden. Wie sich das Lebensthema derzeit darstellt, ist abhängig vom Bewusstseinsgrad. Es ist auch abhängig von der Lebensphase.
Wiederholt man die Übung Wochen oder Monate später nochmals, kann man ein anderes Wort oder einen scheinbar anderen Inhalt erleben.
Doch halt!
Bei näherer Betrachtung und im Kennlernprozess wird deutlich, dass der Inhalt auf der sinnlichen und inhaltlichen Analogielinie des vorher erfahrenen „Begriffes" ist.
Es handelt sich immer um die Verfeinerung, Vertiefung und Differenzierung des bisherigen Begriffs.

Lassen Sie das Thema / das Erleben sich entwickeln, klarer und bewusster werden. Lernen Sie es immer besser kennen, und werden Sie immer mehr damit identisch. Seien Sie sich darüber im Klaren, dass das Bewusstsein über Ihr Lebensthema Sie von den meisten Menschen unterscheidet [7].

Das Bewusstsein des Lebensthemas bringt eindeutige Vorteile mit sich.

Man hat eine innere unverbrüchliche Lebensorientierung.
Man entwickelt mit der Zeit einen immer besseren und genaueren Riecher für das, was zu einem passt und was überflüssig ist.
Man gewinnt an Sicherheit.

Man hat mit dem Thema immer den Punkt, auf den man sich beziehen und besinnen kann, wenn es einmal schwierig im Leben wird.

Man hat eine Leitlinie „für alle Fälle" an der Hand. Man hat klar, was die eigene Stärke ist (oder sein könnte) und braucht nicht auf die (vielleicht gut gemeinten und doch nicht so klugen) Tipps anderer hören. (Das heißt nicht, dass man sich nicht anhören sollte, was andere zu sagen haben.)

Das Lebensthema ist zugleich Lebensleitlinie.
Das Lebensthema ist im Innen und nicht im Außen zu finden!
Jeder Mensch hat ein (vollständig individuelles) Lebensthema.

Man kann auch sagen: So bin ich im Kern!
Die Radnabe ist der Mittelpunkt meines (Lebens)Rades.
Das ist das A & O, das bestimmt mein Leben und meinen Weg.

Wer sein Lebensthema kennt, hat den unverbrüchlichen Kern an der Hand. Wie es sich im Täglichen und Konkreten zeigt, muss man „vor Ort" und in der Lebenssituation herausfinden.

Nun haben wir mit den Schlüsselsätzen: „Das ist mein Leben" und „Das ist mein Lebensthema" eine Selbsterfahrung mit umfassender Bestandsaufnahme gemacht. Vielleicht sind Ihnen während des Prozesses einzelne Erkenntnisse in den Sinn gekommen, was Sie besser lassen oder besser ins Rollen bringen sollten. Gehen Sie diesen Erkenntnissen nach, und überprüfen Sie deren praktikablen und sinnvollen Gehalt.
Tun und lassen Sie, was Sie wollen, wozu Sie Lust haben, was Sie können und für richtig befinden.

Es sollte mit Ihrem Lebensthema kompatibel sein.
So ist es immer das Ihrige.

Das ist das Wichtige.

ENTWICKELN SIE SICH

Die geistigen Ebenen

Das Leben jedes Menschen kann man in unterschiedliche Ebenen aufteilen, die aufeinander folgen und nahtlos ineinander übergehen. Die ersten beiden Ebenen sind geistiger Natur. Die weiteren folgenden Ebenen sind materieller Natur.

Das Lebensideal
Das Lebenskonzept
Die Lebensausgestaltung / Verwirklichung
Die Lebensfakten

Diese vier Ebenen sind in sich veränderbar. Später füge ich dieser Ordnung zwei weitere Ebenen und zwar die des Lebenssinnes und die der Erfüllung / des Ergebnisses des Lebens hinzu.

Das höchste Ideal eines Menschen ist seine oberste geistige Instanz. Damit schafft er die für ihn geltende absolute Idee (von sich selbst).
(Nicht zu verwechseln mit dem Lebensthema. Das Lebensthema bezieht sich ausschließlich auf das, was die Aufgabe des Menschen „hier auf der Erde“ ist.)

Das Ideal ist ein Gedanke, ist ein Begriff, ist ein Zustand oder ein nicht mit Worten transportierbares „Es“.
Die Worte „Ideal“ und „Gedanke“ bitte ich in einem reinen und umfassenden Sinne zu verstehen.
Es kann sogar die Gedankenkraft als solche sein, die als reine Energie erlebt wird.
Man kann das Lebensideal als einen Zustand wie „Harmonie“, „Sein“, „Kreis“ oder was auch immer als den höchsten und ersten Begriff erfahren.
Es ist immer so, dass der Begriff / das Wort / das Erleben immateriell ist. Es ist auf der höchsten Wahrnehmungsstufe, der

Metaebene angesiedelt. Es kann hinter der sprachlichen Metaebene angesiedelt sein.
Man kann auch sagen, dass dieses Ideal, dieser „Gedanke“ am höchsten Punkt des menschlichen Selbst – Bewusstseins (der Selbstdefinition) zu finden ist.

Jeder Mensch, so nehme ich auf Grund meiner Erfahrungen mit dieser Ebene des Daseins an, hat eine unverwechselbare Idee - einen einmaligen Gedanken - für sich und sein Leben. Selbst dann, wenn zwei Menschen den selben Begriff für das Ideal haben, ist die Schwingung eine andere, weil „das Wort“ anders, d. h. individuell beinhaltet ist. (Dies ist genauso, wie wir es bei dem Lebensthema vorfinden.)

Vielleicht fällt dem einen oder der anderen in dem Zusammenhang der in der jüdisch - christlichen Kultur bekannte Satz ein: „Am Anfang war das Wort“. Das „Wort“ ist kein Wort im herkömmlichen Sinne. Es ist die erste Emanation des Menschen. Ich verstehe es so: Hier wird das unbeinhaltete Wort „Wort“ gebraucht, um auf eine exorbitante Abstraktion hinzuweisen.
Die Gleichstellung des Satzes „Am Anfang war das Wort“ mit der Idee des Menschen von sich und seinem Leben finde ich auf Grund meiner Erfahrungen mit der Ebene naheliegend, gegeben und passend.

Wenden wir uns der Erfahrung der Idee zu. Sie ist der Anfang des bewussten Seins.
Man kann sie erfahren. Es ist sehr wahrscheinlich, dass die erste Wahrnehmung der Erfahrung nicht die letzte ist. Die Idee scheint sich auf Grund der zunehmenden Wachheit und des sich ändernden Bewusstseins zu wandeln. Man kann auch annehmen, dass der beobachtete und erlebte „Gedanke“ sich durch die Beobachtung schafft (geschaffen wird) und sich verändert (geändert wird).
Die Tiefe, Genauigkeit und Intensität dieser Erfahrung hängt von dem Grad der Sensibilität und Bewusstheit des Erfahrenden ab.

Es ist so: man erfährt zunächst einen Begriff mit einem Inhalt, der durchaus zur täglichen Sprache gehören kann. Er muss nicht aus der Straßensprache stammen, doch meist ist er einfach und für alle zugänglich. Wollen Sie es ausprobieren? Steigen Sie weiter in die Erfahrung des Abenteuers „Leben“ ein.

Und nun: der Weg, die Übung zum Erkennen des Lebensideals.

Das Lebensideal / Der Gedanke

Man hält sein Ideal, das die Lebensidee ist, einfach für gut, klasse und natürlich ideal für sich und sein Leben.
Das ist selbstverständlich, denn sonst könnte und sollte es nicht DAS Ideal - DIE Idee - DER Gedanke des Lebens sein. Am Ideal misst sich alles, am Ideal zerbricht alles, wenn das Leben dem Ideal nicht genügt.
Der Mensch scheint oder ist wirklich mit sich und der Welt zufrieden, wenn er selbst oder etwas seinem Ideal entspricht. Das kann man als Idealzustand bezeichnen. Ach, wenn es denn so einfach mit dem Gedanken / dem Ideal wäre.

Neidlosigkeit, Friedfertigkeit und, und, und dergleichen Werte können bzw. könnten solche Ideale sein.
Moralisch hochstehend, ethisch unanfechtbar, das wäre doch ideal?
Es wäre einfach gut für jeden einzelnen, alle und alles, könnte man meinen.

Gibt es böse, schlimme Menschen mit guten Idealen?
Kann das sein?
Schwierige Frage, die man philosophisch angehen und vielleicht mit Hilfe komplizierter Gedankengänge beantworten könnte.
Wofür?
Cui bono? (Lt. „Wofür ist das gut?“ oder „Wem dient das?“ Zitat: M. T. Cicero)
Ich halte eine solche Diskussion für unsinnige Müßiggängerei.
Ich halte mir den Bauch vor Lachen, wenn ich an die Existenz „böser Menschen“ auf der Ideenebene denke.
Man würde über etwas philosophieren, das die wenigsten kennen. Es wäre etwas, wovon man hofft, dass es „gut“ ist.
Da läuft was schief, kann man sagen, wenn man sich mit etwas befasst, was man inhaltlich nicht wirklich und definitiv kennt und hinterher feststellen muss: Es ist doch alles ganz anders, als man erhofft, gelehrt bekommen und auch noch vermutet hat.

Das kann beim Thema „Idee/Ideal/Gedanke“ durchaus und schnell geschehen, wenn man den Inhalt moralisch, gesellschaftlich, ethisch wertet.
Lassen wir es lieber sein.
Doch wer will, kann es trotzdem tun … .
Der Leser hat die Macht.

Also, ich meine: Man kann darüber reden, doch was soll es, wenn man nicht weiß, worüber man genau redet?

Man kann sich wissend machen und herausfinden, was das eigene Ideal ist, wie es sich damit verhält, was das soll und welche Auswirkungen das konkrete, persönliche Ideal hat.
Ich gebe schon mal die Antwort auf die Frage, ob Menschen böse Lebensideen / Ideale haben: Nein, es gibt keinen Menschen mit einem „bösen“ Lebensideal.
Das Lebensideal ist neutral und damit über jede Anfechtung und Wertung erhaben.
Das müssen Sie mir glauben oder sich selbst auf den Weg machen, es herauszufinden.
Meine Empfehlung: Machen Sie sich auf den Weg und finden Sie es selbst heraus.
Es kommt darauf an, wie das Lebensideal konkretisiert wird und welche Vorstellungen von Gut und Böse gelten.

Die Unsicherheit, ob es „gute und schlechte“ Lebensideen gibt, so finde ich, existiert, weil das Lebensideal / der Grundgedanken unbewusst und man selbst davon abgetrennt ist.
Erst wenn man die Trennung überwindet, kann das Lebensideal und dessen wirkliche Relevanz bewusst werden. Der Sinn der Bewusstwerdung ist, dass der Mensch den Kern, seinen ideellen Ursprung, den Ursinn, den eigentlichen Zweck und letztendlich auch das Ziel seines Daseins in Erfahrung bringen kann.
Der „Erste Gedanke“, das Ideal macht bei jedem Menschen die letztendliche Identität aus.
Nicht mehr, nicht weniger.

Darüber gibt es nur noch das auf keine Art und Weise zu erfassende Sein, was keine Existenz ist, weil es nicht aus sich herausgegangen ist. (Siehe = ex(-)sistere = lt. Übersetzung: hinausgehen).

Die Erfahrung und das Verstehen seines Lebensgrundgedankens sind wichtig, wenn man die Frage nach dem Sinn des Lebens beantworten möchte.
Das Lebensideal ist der bewusste Anfang und zugleich das A und O (Alpha und Omega) für jeden Menschen.
Erleben Sie es: Verbinden Sie sich vollkommen mit Ihrer Lebensgrundidee und verschmelzen zur Einheit mit ihr, besteht die Frage nach dem Lebenssinn nicht mehr. Dann lebt man und ist (realisiert?) von Kopf bis Fuß seine eigene Existenz.
Zugegeben, es ist nicht vorstellbar, was oder erst recht nicht wie das ist. Dafür reicht unsere Phantasie nicht aus. Es ist nur erlebbar und das von Kopf bis Fuß. Deswegen kann man das Ideal nicht als Vorstellung sondern nur im Erleben realisieren.

Das zum Inhalt und zur Form der Lebensidee / des Ideals / des Gedankens.

Praxis: Die persönliche Lebensidee
Nun kommen wir zu Ihrer **persönlichen** Lebensidee / zum Ideal / zum persönlichen Gedanken[9].

Stellen Sie sich hin, entspannen Sie sich und atmen Sie gut und ruhig. Ob Sie die Augen offen oder geschlossen halten, entscheiden Sie. Es ist einfach. Sprechen Sie laut oder nur in sich den Schlüsselsatz, der Ihnen die Erfahrung Ihrer Lebensidee aufschließt:

„Das ist meine Lebensidee / Lebensideal / Lebensgrundgedanke: …………..“
Lassen Sie den Grundgedanken Ihres Lebens / die Lebensidee in das Bewusstsein kommen.

Das geschieht durch die Resonanzen auf den Schlüsselsatz. Es kann ein Gefühl, ein Wort, eine Erinnerung sein. Das kann sanft oder plötzlich, als Vision, als Symbol oder als ... X, Y, Z in den Sinn kommen. Das Wichtige ist: Nehmen Sie Ihre Wahrnehmung / Ihr Erleben an. Sie spüren es, vielleicht hören Sie Ihren Lebensgrundgedanken / Ihr Ideal.

Lassen Sie sich auf die Erfahrung ein, einfach so.
Es gibt einen Punkt in der Erfahrung, den ich den optimalen Sättigungsgrad nenne. Sie können ihn spüren. Das ist ein Gefühl oder eine Erkenntnis wie: Jetzt habe ich alles erfahren, was derzeit sinnvoll und möglich ist. Oder: „Jetzt reicht es mir." „Ich bin gesättigt." Oder: „Ich habe es."

Lassen Sie die Erfahrung nachwirken. Setzen Sie sich, legen Sie sich, ruhen Sie, lassen Sie die Erfahrung Revue passieren, lassen Sie es sacken, solange Sie wollen.
Die Hauptsache ist, Sie verstehen diese Erfahrungen und akzeptieren Sie als Ihre Lebensidee. Setzen Sie sich mit ihr auseinander.

Ich rate Ihnen dazu, Ihr Ideal Stunden oder Tage später (immer wieder) zu realisieren. Sie können feststellen, dass Ihre Auseinandersetzung Früchte getragen hat. Die Form und der Inhalt Ihres Ideals haben sich verfeinert, vertieft oder transformiert. Es ist für Sie zugänglicher geworden. Notieren Sie Ihre Erfahrungen. Vergleichen Sie die Erfahrungen. Ihre Kenntnis Ihrer Lebensidee wird sich transformieren und weiterentwickeln.

Haben Sie die Idee vollkommen zu sich genommen, können Sie die erste Ebene, das ist die Ebene der Idee/des Ideals, abschließen und zur nächsten übergehen – dem Lebenskonzept. Das Ideal und das Konzept sind auf der geistigen Eben angesiedelt.

Hat man das Ideal inhaltlich und formal ausreichend erfasst, gleitet man in die Ebene des Konzeptes über. Meistens nimmt man den Übergang nicht sogleich wahr. Man kann es daran merken, dass die Lebensidee „Kinder“ bekommt und sich zu differenzieren scheint. Das ist natürlich, weil die Konzepterstellung eine natürliche Folge der Bewusstwerdung des Ideals ist. Es ist auch möglich, dass Sie bewusst und zielgerichtet die Ebene des Konzeptes ansteuern und sie erarbeiten. Das wird im nächsten Kapitel beschrieben.

Das Lebenskonzept
Das Lebenskonzept kann man auch als Blaupause, Plan, Vorhaben, Gerippe, Gerüst, Vorabstruktur oder als Vorlage für das Leben bezeichnen.

Ich nutze (beinahe) durchgehend das Wort „Konzept". Alle diese Bezeichnungen haben die Eigenart, dass Sie auf der geistigen Ebene (gedanklich - emotionalen Ebene) angesiedelt sind. Es entspringt, wie oben schon gesagt, aus der Lebensidee. Ein Konzept ist veränderbar. Das Konzept kann zwei oder dreidimensional gestaltet sein. Sie können (und sollten) es sich verändernden Lebensbedingungen anpassen. Sie sollten Ja zu Ihrem Konzept sagen können, ist das nicht der Fall, ist das Grund genug, sich mit dem Konzept auseinanderzusetzen und es entsprechend zu verändern, bis man es als übereinstimmend mit sich und seiner Lebensidee erlebt und das „Ja" zu einer Selbstverständlichkeit geworden ist.

Bis man das „Ja" erreicht hat, sollte man sich entweder auseinandersetzen oder besser noch, das Konzept „sich aus sich selbst heraus" entwickeln und entwickeln lassen. Wie das möglich ist, werde ich Ihnen im Folgenden beschreiben. Die allerbeste Art, ein Konzept zu erstellen, ist die, das Konzept in sich dreidimensional, farbig und mit Gefühlen, Bildern, Erinnerungen, Emotionen, Möglichkeiten zu erleben. Es ist wie ein wachsendes Wesen, eine eigenständige Struktur mit Farben, vielleicht sogar dreidimensional und einer in sich wohnenden, selbsttätigen und sich entwickelnden Veränderbarkeit.

Diese Qualität muss man nicht sogleich erreichen[10]. Sie kommt wie von selbst, wenn man die Entwicklung seines Konzeptes schon länger trainiert und erfolgreich ausgeführt hat. Wichtig ist, dass man sich selbst und seinem Erleben vertraut und klar hat, dass das Konzept immer sinnvoll, realistisch, brauchbar und im weitesten Sinne „gut" ist und übereinstimmt.

Tipp: Aus Erfahrung empfehle ich, während der Entwicklung des Konzeptes es mit Stichworten zu notieren. Sie sollen später dazu dienen, ein differenziertes und schriftliches Gerüst für das Vorhaben zu erstellen. Sie werden erleben: Je kongruenter Sie mit den Ausarbeitungen sind, desto zufriedener werden Sie mit sich und dem Konzept und desto sicherer bewegen Sie sich innerhalb der Konzeptstruktur.

Ich schreibe viel über die Herangehensweise, denn ich bin immer wieder begeistert von dem Prozess und von dem sich Schritt für Schritt einstellenden Ergebnis.
Probieren Sie es aus, machen Sie Ihre Erfahrungen.

Sie werden diese Strategie und vor allem die Ergebnisse lieben, dessen bin ich mir sicher. Es gibt einige Möglichkeiten, um das Konzept in Erfahrung zu bringen.

1. Eine habe ich vorhin schon angedeutet: Man bleibt auf der Ebene der Idee, bis diese sich vollständig erfüllt hat. Dann geht die Wahrnehmung wie automatisch auf die Ebene des Konzepts über. Das geschieht meist unmerklich für den Übenden. Der Übende bemerkt den Umschwung bewusst, wenn sich differenzierte Informationen und mehr als „nur" eine Idee bemerkbar machen. Dann kann es sinnvoll werden, aufgrund der mannigfaltigen und differenzierteren Informationen eine Pause zum Realisieren und Ordnen der Informationen einzulegen. Das ist ein normaler und sich wie von selbst einstellender Vorgang.

2. Die zweite Vorgehensweise: Man macht, nachdem man auf der Ebene der Idee einen Sättigungsgrad erlebt hat, eine (längere) Pause, um die Ideenebene zu verarbeiten und zu integrieren. Das kann stunden-, vielleicht auch tagelang sein. Gut Ding braucht Weile. Das ist (meist) so. Ich empfehle diese zweite Vorgehensweise, weil jeder Mensch seine Zeit, seinen Rhythmus hat, um Erkennt-

nisse anzuerkennen, sie in ihrer Tragweite zu realisieren und sie sinnvoll nutzen zu können.

3. Manchmal ist es sinnvoll, vielleicht sogar notwendig, nochmals mit der Lebensidee einzusteigen, dort nachzuarbeiten und die noch nicht ganz erarbeiteten, verstandenen und „ausgeputzten Ecken“ zu verstehen. Das sollte man vor allem dann tun, wenn man Fragen zu seinem Ideal hat, es differenzierter erfahren möchte oder sich seiner nicht sicher ist.

Was auch immer sinnvoll ist und zu Ihnen passt, vertrauen Sie sich, es hat seinen Sinn und wahrscheinlich auch seine Richtigkeit, wie Sie vorgehen.
Gleich welchen Weg Sie wählen, der Schlüsselsatz ist:

„Das ist mein Lebenskonzept: ....“
(Mit der Betonung auf das Wörtchen „ist“.)

Man lernt zunächst sein vorhandenes Lebenskonzept kennen. Das ist sinnig und wichtig, weil man auf diese Art und Weise seinen derzeitigen Zustand, seine Eigenarten und das, was man bisher getan und gelassen hat, versteht. Man kann mit diesem differenzierten Wissen um das bestehende Lebenskonzept einen klaren Standpunkt zu sich selbst und seinem Leben einnehmen. Man bekommt auch ein allgemein besseres Gefühl für sich selbst und seine Bedürfnisse.

Tipps:
Nehmen Sie die Einzelheiten wahr und hoppeln Sie nicht über die konzeptionellen Inhalte hinweg, denn dafür sind sie zu wichtig.
Erspüren Sie, was Ihre Blaupause beinhaltet, verstehen Sie die Bedeutung für sich und Ihr Leben. Notieren Sie die Inhalte mit Stichworten. Nehmen Sie sich und Ihre Erfahrungen wichtig. Denn: Es geht um Ihr Leben.

Weiter unten empfehle ich eine potenzielle Verstärkung dieses Schlüsselsatzes.
Das wird eine Selbsterfahrung der besten Art mit der Möglichkeit einer bewussten Selbstkoordination. Die Realisation des bisherigen Konzeptes dient als Ausgangsbasis für eine weitere Konzeptentwicklung.
Die Inhalte der Wahrnehmungen des **bisherigen** Konzeptes können die „kleinen Dinge des Lebens“ wie Zähneputzen, mehr Bewegung, mehr Lust auf Geselligkeit oder Meditation oder auch Einsicht in die großen Dinge des Lebens wie Wohnungswahl, Essensumstellung und politisch – soziale Aktivitäten sein.

Wundern Sie sich nicht, was alles zu Ihrem aktuellen Konzept gehört, nehmen Sie es (für) wahr.
Es ist (zunächst einmal) so, wie es ist.

Es können auch persönlich, moralisch und gesellschaftlich negativ bewertete Erlebens- und Verhaltensweisen sein.
Jeder hat sein Lebenskonzept. Ob es sich konstruktiv und lebensfreundlich bewahrheitet, wird sich herausstellen.
Wundern Sie sich nicht, wenn Ihnen die bewusstwerdenden Inhalte sehr bekannt vorkommen. Sie waren sowieso schon in Ihnen vorhanden und haben als Lebenskonzept gedient, bevor sie mit dieser Übung ins Bewusstsein kamen.
Natürlich werden Ihnen viele Aspekte Ihres bisher gelebten Lebenskonzeptes in die Sinne kommen, das liegt in der Natur des Schlüsselsatzes.

Setzen Sie sich mit Ihrem neuen Wissen auseinander. Sie werden sich besser verstehen, garantiert! Wie dem auch sei und wie es sich bei Ihnen entwickelt: Sie schaffen mit der Bewusstwerdung des Vorhandenen die Basis für die Ihnen entsprechende Weiterentwicklung des Konzeptes.
Sie werden sehr wahrscheinlich erkennen, was so bleiben kann, was anders koordiniert werden sollte und was ergänzt und transformiert werden muss.

Im Lauf des Kennenlernens des Istzustandes wandelt sich die Wahrnehmung wie aus sich selbst heraus. Sie kippt von der Erkenntnis des Bestehenden in die Entwicklung der Möglichkeiten um. Vielleicht ist es zunächst auch „nur“ so, dass Aspekte des bisherigen Konzeptes in neuem Licht erscheinen. Das kann zunächst unmerklich passieren.

Es geschieht eine Transformation zu mehr Leben und Lebendigkeit. Es fällt oft erst auf, wenn die konzeptuellen Neuerungen für Sie wirklich neu und vielleicht sogar überraschend sind. Nichts muss so bleiben, wie es ist, alles kann sich ändern.
Tipp: Lassen Sie sich darauf ein, es ist zu Ihrem Vorteil und Nutzen.

Ich finde, man sollte grundsätzlich, bevor man ein Vorhaben angeht, eine Bestandsaufnahme / Situationsklärung vornehmen und dann erst an die Planung einer Sache oder eines Themas herangehen.
Falls es Ihnen sinnvoll erscheint, können Sie zur Verdeutlichung und Verstärkung der Erfahrung folgenden verstärkenden Satz laut oder in sich sprechen:
„Das ist es: .....“[11]

Wahrscheinlich wird mit Hilfe dieses Satzes Ihr Erleben klarer und kräftiger und Ihre Erkenntnisfähigkeit stärker. Wenn man sich der Konzeptebene stellt, sollte man „gut beieinander“ sein, weil die Erkenntnisse emotional intensiv sein und starke Nerven „verlangen“ können.

Exkurs
Es ist empfehlenswert, gut zu atmen, denn gutes Atmen lockert die Muskulatur und man versorgt sein Blut und damit wiederum das Gehirn mit mehr Sauerstoff. Sauerstoff ist eine wichtige körperliche Voraussetzung für Wachheit und mehr Vitalität.
Je vitaler man ist, desto leichter fallen die anstehenden Erkenntnisse und Einsichten.

Gut atmen ist für den ganzen Menschen von Kopf bis Fuß vorteilhaft. Ich erinnere gerne immer wieder an diese banale Wahrheit, weil sie sehr oft einfach vergessen wird. Nach diesem kurzen und wichtigen Exkurs wieder zurück zur Übung.

Haben Sie den Schlüsselsatz:
„Das ist mein Lebenskonzept: ....“ laut oder leise in sich gesprochen, lauschen Sie nun auf die sich entwickelnden Resonanzen. Erspüren Sie die Resonanzen, lassen Sie sie kommen, lassen Sie sie **bewusst** in sich leben.
Nehmen Sie Ihr bestehendes Lebenskonzept ernst und wirksam. Lernen Sie es tiefer und differenzierter kennen.
Lernen Sie die Inhalte und Strukturen besser kennen, indem Sie sie erleben und bewusster werden lassen.

Es kann sein, dass Sie das Konzept nicht sinnvoll finden, es nicht auf Anhieb verstehen, akzeptieren. Es kann auch sein, dass es nicht menschengerecht, sozial und vernünftig ist.
Falls Sie nicht mit den Inhalten Hand in Hand gehen, ist es dessen ungeachtet Ihre derzeitige Realität. Entweder Ihre Übereinstimmung kann, sollte und wird sich in der Übung und mit der Zeit entwickeln oder das Konzept wird anders werden, bis die Übereinstimmung erreicht ist.

Sie erkennen und verstehen die Inhalte. Sie lassen die aufkommenden Gefühle und Empfindungen zu. **Sie machen sich schriftliche Notizen und denken gleichzeitig über das Erlebte nach.**

Wenn Sie möchten, lassen Sie Visionen vor Ihren Augen entstehen.
„Wie wäre das, wenn es Wirklichkeit würde?"
„Wie fühlt sich das an?"
Nehmen Sie innerlich Stellung dazu. Diskutieren Sie es mit sich. Kurze Notizen sind empfehlenswert!

Es fällt auf, wenn man auf seine Begierden, heimlichen Wünsche und auch auf Ängste hereinfällt. Man bekommt früher oder später ein eigenartiges Gefühl.
„Irgendetwas stimmt hier nicht."

Wenn Sie das erleben, sollten Sie beim Thema bleiben, bis sich das „komische Gefühl" geklärt oder in ein konstruktives, sinnvolles Erleben transformiert hat. Es ist wahrscheinlich, dass sich mit der Zeit das Konzept (Bilder / Gedanken / Einsichten) ändert. Eine andere Sichtweise oder auch andere Inhalte entwickeln sich. Sie können damit rechnen, dass sich die Einstellung (das ist das Gefühl zu diesem Aspekt des Konzeptes) ändert und Sie z.B. mutiger, einsichtiger werden oder Sie das Konzept besser verstehen und innerlich akzeptieren.
Es ist wahrscheinlich, dass das Konzept mit der Zeit und auf Grund der Auseinandersetzung mit den Inhalten lebendiger und lebenspraktischer wird. Wie dem auch sei, das Konzept ist nichts, was in Stein gemeißelt ist.

Es gibt, wie Sie merken, wenn Sie darüber nachdenken, auf der Ebene kein richtig oder falsch, sondern ein passend oder ein unpassend. Das heißt: passend oder unpassend zu meiner Lebensidee. Die Frage ist nur: Passt das Konzept zu meiner Lebensidee?
Oder auch: Ist es die Folge meiner Lebensidee?
Folgt es stringent meiner Lebensidee?
Ist es mein eigener, mein zu mir passender Plan, ist es die Blaupause, zu der ich ohne Vorbehalte Ja sage?
Sollte das der Fall sein, sind Sie „auf dem Weg".
Es gibt nur einen Weg, der wirklich richtig ist. Das ist **Ihr** Weg.

Ihren Weg erkennen Sie mit Ihrem Konzept klarer, stärken sich und können ihn sicherer gehen.
Sagt jemand etwas Gegenteiliges zu Ihrem Konzept, ist das auch in Ordnung.
Andere haben andere Ansichten, Lebensideen und Konzepte. Vielleicht ist es jedoch ein sinnvoller Hinweis, hören Sie hin, doch gehorchen Sie nur sich selbst. **(Horchen Sie auf sich selbst.)**
Sie haben die Verantwortung für sich, und Sie haben die Freiheit.

Meine Empfehlung an dieser Stelle des Prozesses ist: Machen Sie eine Pause mit dem Thema. Schauen Sie sich Ihre Notizen an. Erinnern und resümieren Sie alles, was Sie bereits erarbeitet haben. Lassen Sie die Notizen einige Tage „ihre Wirkung" tun, nachts in Ihren Träumen, in Gesprächen mit Vertrauenspersonen und auch mit Fremden über Ihr Konzept. Erzählen Sie, was Sie meinen, verantworten können, was und wie Sie wollen. Andere Menschen haben auch gute Ideen und haben Lebenserfahrung, die Sie in Ihr Konzept mit einarbeiten können.
Oder Sie stellen fest, es ist nicht nötig, sich mit anderen auseinanderzusetzen. Ich habe meine Art gefunden und kann den nächsten Schritt der Realisation angehen.

Lassen Sie es still in sich werden und entscheiden Sie, was für Sie das Gute und Richtige ist.

Niemand sagt, dass der eigene Weg leicht zu gehen ist, niemand sagt, dass keine Zweifel, Bedenken und Nöte auf dem Weg warten und überwunden werden müssen. Niemand verspricht Ihnen Hilfe und Unterstützung.
Derjenige, der seinen Weg geht, geht ihn eigenverantwortlich und kann niemandem die Verantwortung in die Schuhe schieben, wenn etwas schiefläuft.
Derjenige, der seinen Weg geht, geht einen einmaligen Weg auf noch nie betretenen Pfaden in und mit seinen Schuhen.
Das kann niemand außer Sie selbst.

Sie werden feststellen: Je länger Sie Ihren eigenen Weg gehen, desto aufrechter gehen Sie ihn.

Ob jemand einem anderen Menschen oder den allgemeinen Normen und Werten gehorcht, ist eine Charaktersache, die den Vorteil hat, dass man sich auf der sicheren Seite wähnen kann. Man gehört zur Masse, man gehört zum Mainstream, das ist doch auch was!
Der Mensch, der seinen Weg geht, gehört nur sich.

Der Mensch hat die Wahl.
Dies oder das.

Gleich, was er wählt, das Ergebnis erntet er, ob er will oder nicht.
Dieses oder jenes.

Ist man mit dem Konzept so weit, dass man das Gefühl hat: Es ist gut, es ist rund oder wenn die Auseinandersetzung einen ruhigen, angenehmen inneren Sättigungsgrad erreicht hat, kann man einen Schritt weitergehen. Das Ergebnis sollte immer sein, dass Sie sagen können: Ich stimme mit meinem Lebenskonzept überein.

Merke:
Ein gutes Lebenskonzept ist nicht in Stein gemeißelt.
Jedes Konzept ist entwicklungsfähig.
Jedes gesunde Konzept ist dynamisch.
Jedes Konzept bedarf von Zeit zu Zeit einer Überprüfung und wahrscheinlich auch einer größeren oder kleineren Korrektur.

Jedes Konzept kann verstauben, veralten und könnte mit der Zeit radikal geändert werden.
Jedes neue Konzept wird trotz allem immer aus der Lebensidee geboren.

Man kann sich wünschen, dass das Konzept sich verwirklicht. Das wird nicht geschehen, das ist vergeblich. Man braucht es sich nicht zu wünschen, wenn man selbst dafür sorgt, dass es Wirklichkeit wird. Da heißt es, die richtigen Mittel und Wege zu finden, es in die Welt zu bringen.

Das Lebenskonzept braucht Handwerkszeug und Bedingungen um Wirklichkeit zu werden. Ich nenne es den Prozess der Verwirklichung. Im nächsten Kapitel beschreibe ich, wie Sie die Verwirklichung des Konzeptes handhaben können.

DIE MATERIELLEN EBENEN
Ausgestaltung / Verwirklichung

Wir verlassen nun die beiden mentalen Ebenen, die Lebensidee und das Lebenskonzept und kommen mit dem Thema **Ausgestaltung / Verwirklichung** auf die erste materiehafte Ebene. Unter Verwirklichung verstehe ich die **Werkzeuge**, die **Materialien**, wie auch das noch zu **Erlernende**, was man braucht, um das Innere und Äußere des Lebenskonzeptes zu verwirklichen.
Zur Ausstattung, die nötig und sinnvoll ist, gehört auch die Kenntnis darüber, was man nicht benötigt, aber fälschlicherweise meint zu benötigen.

Lässt man sich auf die Informationen dieser Ebene ein, organisiert man ökonomisch und sinngerecht die Basis für die vierte Ebene, das ist die Ebene des konkreten Lebens, der Fakten und Beziehungen. Welche **Bedingungen** müssen erfüllt sein, muss man schaffen, sind sogar unabdingbar nötig, um die Blaupause, den Plan in der Realität anfassbar werden zu lassen?
Welches geistige oder handwerkliche Können ist nötig, um die Lebensidee und das Lebenskonzept in die Materie zu bringen und so zu realisieren, dass es das persönliche Flair und die individuelle Handschrift hat?
Das ist die Frage, die auf dieser Ebene beantwortet wird.

Vorab einige übergeordnete Kriterien:
Das Konzept sollte folgerichtig aus der Lebensidee entstehen.
Nun gut, das haben wir geschafft (s.o.).
Man muss das, was man sich vorgenommen hat, auch **wirklich wollen** und dazu stehen.
Man braucht die **Vitalität**, die dazu notwendig ist.
Man braucht die für den eigenen Weg entsprechende **Intelligenz** und **emotionale Stabilität**.

Sie brauchen die **äußeren Bedingungen** (das Setting), die die Verwirklichung des Projektes „Mein Leben“ erlauben.

Wenn Sie das nicht oder nicht in ausreichendem Maß vorfinden, müssen Sie die Bedingungen (das notwendige Setting) herstellen. Die äußeren Bedingungen wie Stadt / Land, Wohnung / Haus, Freundeskreis, Partnerschaft, Kleidung, alleinerziehend, etc. sollten sich zumindest neutral, jedoch wenn möglich unterstützend zum Projekt „Mein Leben“ verhalten.
Manchmal ist eine Lösung einfach, indem man sich z. B. eine andere Wohnung beschafft oder von der Stadt aufs Land zieht.

Manchmal ist es schwierig, die äußeren Bedingungen zu schaffen, wie z.B. bei einer schweren chronischen Krankheit oder einer Beziehung, die im Weg ist oder, oder, oder ...
Wenn das vielleicht notwendige Geld fehlt oder Freunde oder Verwandtschaft massiv dagegen eingestellt sind.
Das ist wirklich wichtig: Die äußeren Bedingungen **müssen** beachtet und gehandhabt werden.
Sie dürfen nicht querschießen.

Falls die Hardware (das Setting des Lebens), wie ich es nenne, derzeit und in absehbarer Zeit nicht veränderbar ist, **muss** man warten, bis der Weg sich öffnet oder sich radikal und genau das einfallen lassen, was für die Verwirklichung notwendig ist.
So wie ich die Lebensbedingungen vieler meiner Mitmenschen kenne, müssen viele mit der Faust auf den inneren oder äußeren Tisch hauen, um sich aus den bestehenden Verhältnissen zu befreien und das anzustreben, was das ihrige ist.

Man **muss** manchmal sehr radikal in seinem Leben durchgreifen. Vielleicht hat man nur verlernt, sich für sich einzusetzen, vielleicht sind andere mit ihren Interessen durchsetzungsstärker (gewesen), oder man hat bislang nicht verstanden, dass man sein Leben kreieren kann.
Wie dem auch sei ...

Klar ist: Je radikaler man durchgreifen muss, desto mehr hat man in der Vergangenheit gegen sich und seine eigenen Belange „gearbeitet“, nicht auf sich geachtet oder gegen sich „arbeiten“ lassen.

Manchmal ist man auch so stark in die Lebensbedingungen eingebunden, dass man zunächst nicht erkennen kann (oder es sich nicht zutraut), was zu erledigen, zu regeln oder zu beseitigen ist, um sein Konzept zu verwirklichen. Vielleicht versteht man (noch) nicht, welche Werkzeuge man nötig hat, vielleicht auch deswegen, weil man sie nicht kennt. Vielleicht muss die Liebe und Achtung zum eigenen Leben noch wachsen.
Es gibt eine einfache Möglichkeit, das herauszufinden.

Das ist der Schlüsselsatz: **„Das sind die Lebensbedingungen, die ich zur Seite räumen, bzw. schaffen muss, um mein Konzept zu realisieren……“**

Dieser Schlüsselsatz erschließt das notwendige Wissen und öffnet die Augen für die notwendige Perspektive. Das Wissen ist da, es ist im Menschen vorhanden. Selbst das Wissen um das, was man nicht hat, wird klar. Dann wird klar, dass man andere um Hilfe bitten und sie fragen kann und sollte. Manchmal wird auch klar, dass man zu wenig Lebenserfahrung oder theoretisches Wissen hat und „Nachsitzen für Erwachsene“ praktizieren sollte. Es sind die Erfahrungslücken und das Nichtwissen, was hier beseitigt werden sollte. Das ist eine wichtige Erkenntnis.

Das abrufbare Wissen ist intuitiv oder per angelerntem Wissen vorhanden. Vertrauen Sie sich und Ihrem Erleben. Lassen Sie sich Zeit, nehmen Sie sich die Ruhe, die Sie brauchen, um die Dinge zu sortieren. Es würde mich nicht wundern, wenn Sie Lust daran bekommen haben. Nach den ersten Erfolgen erkennen Sie mit Sicherheit, dass Sie stärker und mutiger sind, als Sie angenommen haben. Durch den Einsatz für sich selbst, trainieren Sie Ihre (inneren) Muskeln des Selbsterhalts.

Pardon, das ist ein Bild, mit dem ich darauf hinweise, dass brach liegende Muskeln (Fähigkeiten) sich zurückbilden und genutzte Muskel sich von Natur aus stärken und weiterbilden.
So ist das auch mit dem Menschen, der sich für sich einsetzt. Setzt er sich **nicht** für sich ein, verkümmert er, setzt er sich für sich ein, kann er über sich selbst hinauswachsen. Das ist eine Gesetzmäßigkeit, an der niemand vorbeikommt. Damit kommen wir schon in die Bereiche, wo die „Dinge" klar werden sollten, die auf der Ebene der Bedingungen individuell zu regeln sind.

Hier ist das nächste Thema und der nächste Schlüsselsatz:
„Das brauche *ich* zur Verwirklichung des Lebenskonzeptes."

Die Vorgehensweise kennen Sie:
Hinstellen
Ruhig werden
Gut atmen
Den Schlüsselsatz sprechen (laut oder leise).
Auf sich (die Resonanzen) hören (Bilder, Gedanken, Gefühle, Erkenntnisse).
Während der gesamten Übung wach sein und bleiben.
Pause machen.
Die Erfahrungen nach einer Pause nochmals an sich vorbeiziehen lassen und resümieren.
Notizen machen.

Das ist der Schlüsselsatz, den Sie zum Erschließen der sinnvollen Notwendigkeiten nutzen sollten. Wie Sie sehen, habe ich das kleine Wort „ich" im Text hervorgehoben.
Die Betonung halte ich für notwendig, weil viele Menschen sich von anderen beschwatzen lassen und damit in die Irre geführt werden, was keine Absicht sein muss.

Nicht dass andere Menschen es böse meinen.
Nein, das Gegenteil ist sehr oft der Fall.

Ich höre schon, wie manche sich mit einem moralisch negativ – zweifelnden Unterton fragen: Ist die Betonung auf dem „Ich“ denn nicht egoistisch? (und damit verwerflich).
Dazu antworte ich gerne mit einer Aufforderung zur Klärung: Diejenigen, die hier moralisch empfinden, bitte ich, sich innerlich oder äußerlich zurückzulehnen, nachzudenken und die Frage ernsthaft und nicht moralisch zu stellen. Wenn das Ergebnis ist, dass die Betonung des Ich amoralisch ist, bitte sogleich mit der Übung aufhören. Falls die Erkenntnis ist, die Betonung des Ich ist gesund, dann sollte man gesund und munter die Übung weiterführen.

Die individuellen Notwendigkeiten können sich mit den „Werkzeugen“, Bedingungen, hilfreichen Notwendigkeiten und den allgemeinen Bedingungen überschneiden. Das eine ist unabdingbar wichtig, und das andere ist klug und sinnvoll zu gestalten. Diese Hilfsmittel, Notwendigkeiten und Werkzeuge, die Sie für Ihr Leben brauchen, können von der Erkenntnis: weniger Kaffee trinken bis hin zum Entwickeln des Mutes, zur Bank zu gehen und einen Kredit zu besorgen, reichen.
Es können Erkenntnisse darüber sein, was man noch Praktisches oder Theoretisches lernen sollte, um das Ziel der Verwirklichung zu erreichen. Es kann auch die Erkenntnis sein, nicht mit anderen zusammenzuarbeiten, das Gefühl der Selbstverantwortlichkeit zu stärken, sich nicht auf andere zu verlassen oder auch genau das Gegenteil davon: Zu lernen und zu praktizieren, mit anderen ein kollektives Projekt, in dem Sie „nur“ eine Rolle spielen, zu entwickeln.

Falls man mit Hilfe des Schlüsselsatzes zu der Erkenntnis kommt, dass man (zumindest derzeit) keine Mittel, nichts Weiteres braucht als das, was schon vorhanden ist, sollte man nicht einfach so darüber hinweggehen, sondern diese Tatsache in voller Breite und Tiefe in das Erleben kommen lassen.

Es ist wichtig, dass es nicht nur die Erkenntnis ist, die wahrgenommen wird, sondern dass auch das Gefühlsleben und das körperliche Empfinden mit dieser (und jeder weiteren) Erkenntnis übereinstimmt.

Zur Erinnerung: Ausschlaggebend für das, was Sie letztendlich zur Ausgestaltung und Verwirklichung des Konzeptes brauchen, ist Ihre Idee und Ihr Lebenskonzept. Bleiben Sie in Ihrer Linie. Bleiben Sie bei sich und Ihren Erkenntnissen. Bleiben Sie und vertrauen Sie dem guten Gefühl, wenn Sie alle derzeitigen Notwendigkeiten zusammengesammelt haben.

Es ist zu Beginn des Prozesses wahrscheinlich nicht möglich und auch nicht sinnvoll, alle Voraussetzungen zur Verwirklichung zu kennen und präsent zu haben. Es wird sich mit der Zeit und anhand der sich entwickelnden Realität zeigen, was noch sinnvoll, nötig und als Ausstattung möglich ist.

Die Feinabstimmung, Tage und Wochen später mit dem Schlüsselsatz:
„Das brauche ich zur Verwirklichung des Konzeptes." ist eine sinnvolle Notwendigkeit.

Also: immer mit der Ruhe. Ein in sich ruhender (nicht nervöser) Mensch wird in Ruhe und Gelassenheit und obendrein mit einer sich entwickelnden Übersicht die Notwendigkeiten zusammenklauben, so weit wie nötig und möglich ordnen und dann erst das Vorhaben angehen. Bedenken Sie, es geht im Endeffekt um Ihre Lebenszufriedenheit und nicht um das Bedienen elterlicher, moralischer oder gesellschaftlicher Forderungen, Normen und Werte.
Bedenken Sie, ein zufriedener Mensch, der so lebt, wie er ist und wie er möchte, ist mit Sicherheit individuell (eigen - artig) und wird mit aller Wahrscheinlichkeit nach auch ein kreatives Mitglied der Gesellschaft.

Der nächste Schritt besteht darin, das Leben auf bestehende und notwendig – sinnvolle Fakten hin zu untersuchen und die passenden Schritte zur Verwirklichung zu machen.

Die Fakten

Nun sind wir weiter im zweiten, im materiellen Bereich.
Das sind die Fakten.
Fakten sind die Dinge und Verhältnisse, die das Leben konkret ausmachen. Das können die konkret anfassbaren Dinge, die Lebensverhältnisse wie auch Hoffnungen, Befürchtungen oder Normen und Werte sein.

Machen Sie zunächst eine Bestandsaufnahme der Fakten Ihres Lebens. Wir leben ständig in und mit den Fakten. Aus meiner Beratungspraxis ist mir bekannt, dass man meist nur einige wenige dieser Lebensfakten im Bewusstsein hat. Die meisten sind so selbstverständlich, dass man sie kaum noch wahrnimmt und sie nur auffallen, wenn sie defekt sind oder plötzlich nicht mehr da sind. Subjektiv haben wir sie ständig in Gebrauch, bewusst selten. Besonderheiten, die nicht alle Tage passieren, haben eine bessere Chance, bewusst realisiert zu werden. Subjektivität heißt auch, die Gefühle, das Leben, die Dinge und die Welt durch eine farbige Brille zu sehen[12]. (Es wird nicht immer die sog. rosa Brille sein, es kann auch die schwarze, grüne, blaue Brille oder die mit dem Kaleidoskopprisma sein.) Nun können Sie die Brille abnehmen. Lernen Sie wirklich die (wichtigen) Fakten **Ihres** Lebens kennen.

Oft nicht ganz so einfach, glaube ich. Das glaube ich deshalb, weil viele Menschen ihre Objektivitäten nicht im Bewusstsein haben, weil sie mit den Objektivitäten nichts oder nur wenig zu tun haben wollen. Die Realität vieler Menschen spielt sich in den Normen, Werten und den dazu passenden Ideen und Emotionen ab.

Mein Tipp deswegen: Lassen Sie sich Zeit, um Ihre Realitäten kennenzulernen, Schritt für Schritt. Wer zu schnell in die „realen“ Realitäten einsteigt, kann kräftige Schocks erleben und die Lust an der konstruktiven Auseinandersetzung verlieren. Das wäre schade, finde ich.

Deswegen: Lassen Sie sich Zeit, um der vorhandenen Fakten Ihres Lebens bewusst habhaft zu werden.

Der passende Schlüsselsatz ist:
„Das sind die Fakten meines Lebens."

Die Vorgehensweise kennen Sie:
Hinstellen.
Ruhig werden.
Gut atmen.
Den Schlüsselsatz sprechen (laut oder leise).
Auf sich (die Resonanzen) hören (Bilder, Gedanken, Gefühle, Erkenntnisse).
Während der gesamten Übung wach sein und bleiben.
Pause machen.
Die Erfahrungen nach einer Pause nochmals an sich vorbeiziehen lassen und resümieren.
Und auch hier: Notizen machen.

Sie kennen es wahrscheinlich zur Genüge. Zunächst kommen Ihnen die bestehenden Fakten in den Sinn. Seien Sie nicht erstaunt, wenn „Fakten" in Ihr Bewusstsein kommen, die Sie bisher nicht für Fakten, geschweige denn für Fakten Ihres Lebens gehalten haben. Die Fakten können aus Ihrem Gefühlsleben stammen, es können Einsichten in Zusammenhänge sein, die Sie bisher nicht sehen konnten oder wollten. Es können klare Erkenntnisse Ihrer allgemeinen Lebens- und Arbeitssituation sein.

Nutzen Sie den Schlüsselsatz und lassen Sie sich auf die Resonanzen ein.
Lernen Sie die Fakten kennen.
Akzeptieren Sie die Fakten als Fakten Ihres Lebens. Sie tun sich keinen Gefallen damit, wenn Sie die Fakten und Zusammenhänge unter den Tisch kehren.
Denn Fakten wirken.

(Das Wort „Fakten“ kommt aus dem Latein. Das Wort (Verb) „facere“ heißt übersetzt: machen, wirken. Unter Fakten kann man demnach die Faktoren verstehen, die im Leben wirksam sind und das Leben „faktisch“ gestalten.)

Nehmen Sie die Resonanzen als Fakten und nicht als Eventualitäten, Spinnereien, Unsinnigkeiten oder als ...
Selbst dann, wenn Sie sich als Eventualitäten, Spinnereien, Unsinnigkeiten entpuppen. Das sind die Dinge, Zustände und Verhältnisse, die die Fakten Ihres Lebens bilden. Man kann auch sagen: Das sind die handfesten Wichtigkeiten des Lebens.

Fakten sind an sich weder positiv noch negativ. Sie sind so, wie sie sind. Die Bewertung erfolgt durch den Betrachter, durch Sie.
Oh, was habe ich da geschrieben?
Doch, doch! Sie können positiv oder negativ erscheinen. Das ist dann meist eine persönlich – moralische oder gesellschaftlich - moralische Bewertung.
Sie können negativ sein, dann sind sie negativ in Bezug auf Ihre Lebensidee und Ihr Lebenskonzept. Punktum, meine radikale und in vielen Dingen nicht so einfach zu befolgende Empfehlung: Untersuchen Sie die Fakten danach, ob sie zu Ihnen passen!
Das ist wichtig, denn die Fakten Ihres Lebens sind die „Dinge“, auf denen Ihr reales Leben basiert und woraus Ihr Leben in großen Teilen besteht.
Nochmals: Bewerten Sie bitte die Fakten nach dem Kriterium, ob sie zu der Lebensidee und zu Ihrem Lebenskonzept passen.
Beschönigen oder negieren Sie nichts, was Sie über Ihr Faktenleben in Erfahrung bringen, sondern nehmen Sie die Erfahrungen als Realitäten, Sachen, Tatsachen, Wahrheiten, Bestand, Wirklichkeiten oder wie Sie es auch nennen mögen.
Machen Sie Notizen.
Akzeptieren Sie: So ist es.
Bleiben Sie dabei.
Punktum.
So ist es.

Das sind Fakten!
So sind sie.
(Niemand sagt, dass das so bleiben muss, und niemand sagt, dass sich das ändern sollte.)
Es sind Fakten.

Machen Sie eine Bestandsaufnahme, mit Notizen, mit Kommentaren. Setzen Sie sich mit den Fakten innerlich an einen Tisch, lernen Sie sich besser kennen und „diskutieren" Sie miteinander. Sie müssen sie nicht mögen, Sie sollten sich gegenseitig als Wirklichkeit anerkennen.
(Wenn Ihnen der Satz komisch vorkommt, lesen Sie ihn nochmals und testen Sie meinen Tipp für den besseren Umgang oder einen besseren gegenseitigen Nutzen.)
Lernen Sie sich kennen, erleben Sie Ihre Fakten, lernen Sie, sie anzuerkennen, denn es sind **Ihre** Fakten **Ihres** Lebens.
Vielleicht stellt sich heraus, sie sind nicht so und wirken nicht so, wie sie zunächst erscheinen. Mit der Auseinandersetzung wird Ihnen im Laufe des Kennenlernens klar, wie die Wirklichkeiten und Verhältnisse sind und wirken.

So, das ist eine Empfehlung zur Bestandsaufnahme der Lebensfakten. Vielleicht kommen Sie selbst noch auf mehr Ideen und Faktenzusammenhänge, die ein interessantes und befriedigendes „Aha" in Ihnen hervorrufen. Dieses „Aha" mögen Menschen, das ist mir aus vielen Erfahrungen bekannt. Es macht klug, lebenslustig und lebenstüchtig. Es ist die Möglichkeit, anhand der Fakten und deren Zusammenhänge mehr von und mit dem Leben zu lernen.
Nutzen Sie die Möglichkeit, klüger zu werden, denn auf diese Art und Weise kann man inneren Frieden und Gelassenheit finden, auch dann, wenn die Erkenntnisse zunächst einmal das Gemüt erhitzen.
Der Prozess, dass das Gefühlsleben den Blutdruck erhöht und dass man nach der Klärung Frieden und Ausgleich findet, ist normal und oft sogar heilsam.

Man kann entdecken, dass man faktisch anders ist und in anderen Zusammenhängen lebt und andere Wirklichkeiten gegeben sind, als man bisher glaubte. Das kann in und mit der Übung passieren. Meiner Erfahrung nach sind manche Überraschungen mit dieser Vorgehensweise zur Bestandsaufnahme der Lebensfakten garantiert.

Und nun?
War das alles?
Das kann doch nicht alles gewesen sein!
Nein, es ist nicht alles.

Es gibt nicht nur die aktuellen und dauerhaften Fakten, um die es geht und die Sie kennen sollten, es gibt eine andere Kategorie, die für lebensbejahende Menschen noch interessanter ist als das Eruieren und Akzeptieren der bestehenden Fakten. Es geht um die zu schaffenden und zu erwartenden Fakten.

Je mehr man die vorhandenen Fakten akzeptiert, je klarer man in den vorhandenen Fakten verankert ist, desto stabiler und eindeutiger ist die Basis für das, was an zukünftigen (potenziellen) Fakten, Zuständen und Verhältnissen auf Grund Ihrer Lebensidee und Ihres Lebenskonzeptes in Ihr Leben kommt und gehört.

Die Erfahrung ist: Wenn die bisherigen Lebensfakten in ausreichendem Maß eruiert sind, geht die Wahrnehmung wie automatisch in den Bereich der Fakten, die sich sinnvollerweise aus Idee, Konzept und Ausgestaltung / Verwirklichung ergeben.

Der Schlüsselsatz heißt also weiterhin:
„Das sind die Fakten meines Lebens."

Sie orientieren sich auf die zukünftigen Fakten und Lebenszusammenhänge.
Sie nehmen die für Ihre Lebensidee und Ihr Lebenskonzept passenden Fakten ins Visier und lernen sie kennen.

Nehmen Sie wahr, was Ihnen in den Sinn kommt, und lassen Sie sich neue Fakten entwickeln, die folgerichtig sind.
Vertrauen Sie sich.
Sie spüren, ob die potenziellen Fakten aus dem Vorherigen abzuleiten sind und damit übereinkommen.

Merke: Es gibt keinen geheimen Zugang und keine spezielle Formel für ein glückliches Leben. Wer propagiert, das gäbe es, lügt.
Für ein glückliches Leben können nur Sie selbst eigenverantwortlich und tatkräftig sorgen.
Packen Sie an.
Vertrauen Sie sich und Ihrer Wahrnehmung.
Gehen Sie davon aus: Sie sind der einzige Mensch, der für Ihr glückliches Leben sorgen kann. Das ist ein Leben, was wirklich das Ihrige ist.
Setzen Sie sich für sich und Ihre Art zu leben ein.
Es gibt kein „richtiges und gutes“ Leben, außer Sie sorgen dafür.
Ihr ureigenes Leben.
Das ist einzigartig und gehört nur Ihnen.

Das ist das Abenteuer Leben.

Das Abenteuer führt in die Transformation, das ist eine energetisch - mentale Ebene. Das Abenteuer Leben hat den Sinn, das Leben zu transformieren. Das mag man glauben oder nicht. Schaut man mit gelassenem und freiem Geist auf das Leben, kann man es erkennen. (Wobei man auch feststellen muss, dass man das Leben nicht nur in Feineres, sondern es auch nach „unten“, ins Schwerere transformieren kann. Gleich welche Richtung man nimmt, Sie erreichen es dadurch, was Sie innerlich und äußerlich tun und lassen.)

Der Sinn und die Orientierung des Lebens hält das ganze Leben zusammen. Sie können das in Erfahrung bringen.
Der Sinn ergibt sich aus allem, was **Sie** tun und lassen.

(Das ist nichts Neues, doch immer wieder eine Erinnerung wert.)
Letztendlich werden Sie feststellen, dass das Leben als solches keinen Sinn hat.
Es ist frei.
Es ist unbedingt (ohne Bedingung).
Man kann es auch so ausdrücken: Der letztendliche Sinn ist die Freiheit ohne Objekt und Sinn. Versuchen Sie, es von Kopf bis Fuß zu erfassen.
Das ist die unbedingte Freiheit, die man erst dann akzeptiert und erfüllen kann, wenn man die Bewusstheit erreicht hat.
Doch bis Sie zu dieser radikalen Erkenntnis kommen, sollten Sie Ihrem Leben einen Sinn geben.
Denn: Der Lebenssinn gibt dem Leben einen Sinn.

Lernen Sie den Lebenssinn kennen, den Sie derzeit haben.

ERFAHREN SIE DIE TRANSFORMATION

Der Sinn des Lebens

Alles hat Sinn, behaupte ich.
Alles bekommt, hat und trägt Ihren (eigenen) Sinn. (Kein falsches Deutsch! - und bitte auch nicht mit Eigensinn verwechseln!)
Machen Sie sich Ihren Sinn bewusst, holen Sie ihn mit Hilfe Ihrer Sinne in Ihr Bewusstsein.

Stellen Sie sich bitte hin, entspannen Sie sich, atmen Sie gut und sprechen den Schlüsselsatz innerlich oder laut:
„Das ist der Sinn meines Lebens."

Und dann: erspüren, akzeptieren, kennenlernen, integrieren. Sanft atmen, die Informationen und Energien annehmen.

Tipp: Machen Sie diese Übung mehrmals in längeren zeitlichen Abständen. Der Zugang zu Ihrem Sinn wird Ihnen zunehmend leichter fallen, Sie werden den Sinn deutlicher erfahren. Sie kommen tiefer in Ihren Lebenssinn hinein. Mögen Ihnen diese Sätze rätselhaft erscheinen, dann gehen Sie in die Haltung, Sie können selbst die Erfahrungen machen.

Der Sinn des Lebens kann von NICHTS über Neues schaffen und Altes auflösen, von Erkenntnis sammeln bis hin zu ALLES reichen.
Der Sinn des Lebens ist abhängig von Ihrer Lebensintention und Ihrem Bewusstsein.
Wenn der Mensch Bewusstheit erlangt hat, ist es das Nichts.
Finden Sie Ihren Sinn heraus, lassen Sie ihn in sich von den Haarspitzen bis in die Fußsohlen ausbreiten.
Lassen Sie den Sinn überall sein.

Nach der Übung: Man steht viel mehr in der Mitte des Lebens, man ist positiv gestimmt und hat den Geruch des Lebens, der Lebensfreude, des Herzens und der Herzlichkeit in allen Sinnen. Es wird klar, dass das Leben viel ist und noch viel zu bieten hat, dass man das Leben mag. Vielleicht ist es sogar gleich, was es zu bieten hat, denn es ist das eigene, geliebte und unvergleichliche Leben.

Ich möchte nicht als unsachlicher Schwärmer, Agitator, Prediger oder Missionar dastehen, deswegen beende ich die Beschreibung und wende mich einem letzten Punkt zu.

Die Erfüllung des Lebens
Hier ist wieder die bekannte Herangehensweise mit einem abschließenden Thema und dem letztgültigen Ziel. Wenn Sie es wollen.

Stellen Sie sich bitte hin, entspannen Sie sich und sprechen, wie bisher gehabt, innerlich oder laut den Schlüsselsatz:
„Das ist die Erfüllung meines Lebens."

Das ist der höchste oder auch tiefste Punkt (wie man es nennt, ist gleich) auf der Reise und der Entwicklung.
Das ist das, was in der Ferne liegt oder jeden Augenblick im Leben sein kann.
Das wird eintreten, wenn Sie wollen, sich mögen, sich auf den Weg begeben und auf Ihrem Weg bleiben.

Es gibt viele Namen und Bezeichnungen für die Erfüllung.
Finden Sie Ihren Namen für Ihre Art der Erfüllung.
Sie werden erkennen, dass die Bezeichnung nur ein Hinweis auf den Zustand der Erfüllung ist und nicht die Erfüllung selbst sein kann.

Ganz allgemein
Vielleicht kommt Ihnen in einigen Monaten oder Jahren die gesamte Übungssequenz wieder in den Sinn.
Wenn Sie mögen, absolvieren Sie dann nochmals die einzelnen Stufen.
Sie werden feststellen, dass es Ihnen gut tut und dass es Sie weiter und noch tiefer zu sich bringt und in sich festigt. Sie kommen noch mehr zu sich zurück und werden noch identischer mit sich und Ihrem Leben.
Sie können mit einer Wiederholung der gesamten Übungssequenz feststellen, ob und wie Sie von Ihrer Idee und Ihrem Konzept abgewichen sind und eine Korrektur oder eine Feinjustierung vornehmen.

BEISPIELE

Hier sind zwei Beispiele, mit denen ich einen Prozess in Stichworten wiedergebe.

Beispiel A

Lebensidee
Ein Goldleben (das ist ein Gefühl)
Die Idee entwickelt sich zu einer Freiheit, die keinen Namen hat.

Konzept
Aktuell: Gut leben, zentriert sein, Aufmerksamkeit, mit anderen Menschen sein, keine Anstrengungen, Krankheiten gehören zum Leben.
Entwicklung: Überall, wo ich bin, allein oder mit anderen, friedlich lachend sein. Herzlichkeit und arbeitsamer wirtschaftlicher Erfolg. Konflikte auch mal härter austragen, wenn es Spaß macht und klar ist, dass ich gewinne. Die Dinge nicht nur sehen, sondern erkennen und spüren. Ein sportliches Leben wie in einem gesunden Dauerlauf, zugleich eine innere Ruhe wie beim Liegen und Ruhen auf einer Waldwiese.

Ausgestaltung / Verwirklichung
Aktuell:
Gutes Essen, Biokost, zu kleine Wohnung, Kompensation des Arbeitsstresses mit längeren Spaziergängen. Vorsorgen für das Alter.
Entwicklung:
Motorrad mit Beiwagen, Haus in den Vogesen oder alternativ mindestens eine Ferienwohnung. Zur Seite räumen: Geldknappheit, Angst vor Tieren im Wald, permanentes Training: Bauch entspannen, locker sein und bleiben. Nein zu vielen kraftraubenden Tätigkeiten und Gedanken. Kurs in Holzschnitzerei z.B.

in der VHS belegen.
Realisation:
Umzug, besser Schreiben lernen, viele Romane lesen. Krafttraining machen.

Fakten
Aktuell:
Zu viele Einladungen zum Abendessen, auf dem Sofa rumliegen, zu viel Fernsehen. Wenig Bücher lesen, annähernd arbeitssüchtig (wie rund 30% der bundesdeutschen arbeitenden Bevölkerung) demokratisch – intellektuell aufgeklärter Mensch.
Entwicklung:
Mehr Freizeit als Arbeitszeit. Fotoapparat nutzen, Fotos präsentieren, kurze Spaßvideos machen. Viele Kunstausstellungen in Europa besuchen und nicht im Mainstream oder durch populäre Bücher Inspirationen zum Leben bekommen.

Lebenssinn
Subjektiv finanziell unabhängig sein. (Muss nicht viel Geld bedeuten.) Einfach so und wie unschuldig leben. Andere kunstsinnige Menschen inspirieren. Erfüllung Natur, natürlich und locker sein, Sonne, Regen, Luft, Freiheit, Unbedingtheit

Beispiel B

Lebensidee
Selbst sein, selbst machen. Entwickelt sich (vorerst) hin zu einem liebevollen und ruhigen Gefühl für andere Menschen. Die Idee kann noch weiter transformiert werden.

Konzept
Aktuell:
Langeweile, die „Welt“ vom Fernsehen bis hin zu den Nachbarn nervt mich. Ich mache das, was man von mir will, was man mir sagt und von mir verlangt. Ich will es warm in mir haben.
Entwicklung:
Eine Schreinerei aufbauen, ein Gefühl für Holzgestaltung entwickeln, keine Finanzierung in Anspruch nehmen, mit der Zeit andere Menschen finden, die auch Interesse an einer halbprofessionellen Holzwerkstatt haben. Halbtags dort anwesend sein. Auch mal Bilderrahmen im privaten Kontext reparieren, schnitzen oder herstellen.

Ausgestaltung / Verwirklichung
Aktuell:
Die Zeit verplempern, den Fernseher betätigen. In einer politischen Partei passives Mitglied sein. Ich wohne in einer Stadt, die bei näherer Betrachtung ein übles Grundklima hat.
Entwicklung:
Eine durchaus gut ausgestattete Schreinerei in einem Dorf übernehmen/kaufen. Ein biologisch orientiertes Haus bauen, Familie mit der (vorhandenen) Freundin gründen, Tendenz > zwei Kinder. Eindeutig und verlässlich Verantwortung für X... Y.... Z .... übernehmen. Muskulatur trainieren und Jogging machen, Schritt für Schritt und nicht alles in kurzer Zeit erledigen.

Fakten
Aktuell:
Lebenslang am gleichen Ort leben, Nachbarschaft pflegen.

Gut und gefühlvoll - sozial leben.
Entwicklung:
Bier und manchmal auch Wein mit Freunden an der Mosel und in Frankreich trinken. Ein kleines Boot bauen, Fischen gehen, Gartenarbeit, weitgehend Selbstversorger werden mit anderen zusammen. Ideen zu Comics haben, sie zeichnen. Spezialität: sich selbsterklärende Comics.

Lebenssinn
Körperlich sein. Spaß am Zeichnen von Comics mit „höherem Blödsinn" haben, Fakten schaffen, die über mein Leben hinaus wirken.

Erfüllung
Verstehen, dass ich in meinem Herzen und meiner Substanz ein Homo Faber bin. Mensch aus mir selbst heraus sein. Ein wunderbares Erleben von Eigenständigkeit, Souveränität, Selbstverantwortlichkeit und Identität. Seebestattung

DAS SYSTEM AUF EINEN BLICK

Hier ist ein Überblick über das System und die aufeinander aufbauenden Schritte in Form einer tabellarischen Auflistung.

Das ist die Ebene der Bestandsaufnahme			
Sich kennenlernen kann ein Bedürfnis sein	**Lernen Sie sich kennen / die Bestandsaufnahme**		
Anmerkungen	**Schlüsselsätze**	**Die Anleitung**	**Zuordnungen**
Selbsterfahrung mit Überblick	Schlüsselsatz: **Das ist mein Leben**	Sich stellen, gut atmen. Den Schlüsselsatz laut oder innerlich sprechen. Wenn gewollt, eine Haltung einnehmen. Das Leben in seiner Gesamtheit kennenlernen, bis der Sättigungsgrad der derzeit möglichen Erkenntnis erreicht ist.	Der ganze Mensch mit seiner Umwelt
Der Kern des Lebens, die Lebensaufgabe kennenlernen	Schlüsselsatz: **Das ist mein Lebensthema**	Sich stellen, gut atmen. Den Schlüsselsatz laut oder innerlich sprechen. Das Leben kennenlernen, bis der Sättigungsgrad der derzeit möglichen Erkenntnis erreicht ist.	Das Innen des Menschen

Das Leben planen

Die Möglichkeiten bewusst erfahren	Idee und Konzept		
Anmerkungen	**Schlüsselsätze**	**Die Anleitung**	**Zuordnungen**
	Schlüsselsatz: **Das ist mein Ideal** oder **Das ist meine Lebensidee**	Sich stellen, gut atmen. Den Schlüsselsatz laut oder innerlich sprechen. Notizen machen.	Der Kopf Der Gedanke
Empfehlung: Immer wieder diese Ebene besuchen, um die Differenzierungen und tieferen Dimensionen zu erfassen.	Schlüsselsatz: **Das *ist* mein Lebenskonzept:** ………	Sich stellen, gut atmen. Den Schlüsselsatz laut oder innerlich sprechen. Wenn gewollt, die Körperhaltung des Konzeptes einnehmen, bzw. die Idee in einer Haltung ausdrücken. In den entstehenden Bewegungen mitgehen. Notizen machen.	Brustbereich Das Herz, das, was dem Menschen am Herzen liegt.

Nun wird es handfest	**Ausgestaltung / Verwirklichung und Fakten**		
Anmerkungen	**Schlüsselsätze**	**Die Anleitung**	**Zuordnungen**
Das, was man faktisch braucht, bzw. sein lassen sollte.	Schlüsselsatz: **„Das sind die Lebensbedingungen, die ich / man zur Seite räumen, bzw. schaffen muss, um das Konzept zu realisieren…“**	Sich stellen, gut atmen. Den Schlüsselsatz laut oder innerlich sprechen. Hier erfahren Sie die Bedingungen, die Sie für die Realisation und Erweiterung des Lebens brauchen. Notizen machen.	Bauch, Darm Die Verarbeitung, das Sortieren, erfahren was nutzt, was nicht nutzt.
Hier kann man die derzeitigen und auch zukünftigen Fakten in Erfahrung bringen.	Schlüsselsatz **„Das sind die Fakten meines Lebens.“**	Sich stellen, gut atmen. Den Schlüsselsatz laut oder innerlich sprechen. Wenn gewollt, die Haltung der Faktenlage einnehmen, in einer Haltung ausdrücken. In den entstehenden Bewegungen mitgehen. Notizen machen.	Becken, Beine Die materielle Basis Worauf man basiert, worauf man „steht“ Womit, worin und wovon man lebt.

Entwickeln Sie Ihr Mehr	**Erfahren Sie Transformation**		
Erfahren Sie, was größer ist als Sie selbst. *Was Sie erleben und werden können.*	*Die Ziele des Lebens Ziele sollte man zur Grundlage des jetzigen Handelns machen.*		Die möglichen körperlichen, psychischen, mentalen und metaphysischen Ergebnisse
Anmerkungen	**Schlüsselsätze**	**Die Anleitung**	**Zuordnungen**
Hier wird die Antwort auf eine Frage möglich, die viele Menschen, die sich nicht kennen, stellen.	Schlüsselsatz: **„Das ist der Sinn meines Lebens.“**	Sich stellen, gut atmen. Den Schlüsselsatz laut oder innerlich sprechen. Wenn gewollt, die Haltung des Lebenssinns einnehmen, bzw. die Idee in einer Haltung ausdrücken. In den entstehenden Bewegungen mitgehen. Notizen machen.	Ihre ganze Ausstrahlung *Das ist das, was ein Mensch von Kopf bis Fuß anstreben kann.*
Das ist das, was sich über jedes Ich inhaltlich und zeitlich erhebt und auf seine eigene Art erhaben ist.	Schlüsselsatz **„Das ist die Erfüllung meines Lebens.“**	Sich stellen, gut atmen. Den Schlüsselsatz laut oder innerlich sprechen. Wenn gewollt, die Haltung einnehmen, bzw. die Idee in einer Haltung ausdrücken.	Das ist das, was bleibt, wenn der individuelle Mensch nicht mehr ist.

DOWNLOAD DER SCHAUBILDER

Die Schaubilder können Sie im Internet auf der Seite: https://teschler-coaching.de/die-schaubilder-aus-ich-stelle-mich-dem-leben/ kostenlos downloaden und in der Größe, wie Sie sie brauchen, ausdrucken.

Das Codewort zum Download heißt: Willwall1945avr

EINE BITTE

Schreiben Sie mir Ihre Meinung zu diesem Text und wie Sie mit den Übungen zurechtkamen. Schreiben Sie mir, zu welchen Ergebnissen Sie mit den Übungen kommen konnten und wie Sie die Ergebnisse in Ihr Leben integriert haben. Der Grund ist einfach: Ich möchte Sie auf diesem Weg an der Gestaltung eines papierenen Buches, das in einiger Zeit veröffentlicht werden soll, beteiligen. Es soll ein Buch werden, das vielen Bedürfnissen der Leserschaft gerecht wird. Ich möchte, dass der Inhalt des Buches für fast alle Leser nachvollziehbar und praktizierbar ist. Ich werde mit Sicherheit nicht allen Lesern inhaltlich oder formal gerecht werden können (das wird wohl mit keinem Text der Welt gelingen), hoffe jedoch, dass mit Ihrer Hilfe (Rückmeldung) ein sehr gutes Buch entstehen kann.
Bitte an Wilfried Teschler, info@teschler.info

Die Techniken sind Selbsthilfetechniken, die man im täglichen Leben nutzen kann. Man kann diese Techniken nicht nur als Coach, sondern auch als Heilpraktiker oder Energetiker (Österreich) einsetzen. Ich lehre sie als Möglichkeiten zur Bewusstwerdung. Melden Sie sich, wenn ich Ihr Interesse geweckt habe.

info@teschler.info

ÜBER DEN AUTOR

Mein Name ist Wilfried Teschler. Ich bin im November 1949 in Mönchengladbach geboren. Meine Eltern stammen aus einem bäuerlich - handwerklichen Umfeld. Auf einem Bauernhof in einer Großfamilie, mit Hühnern, Gänsen, Pferden und Kühen habe ich die ersten sieben Jahre meines Lebens verbracht. Plattdeutsch ist meine Muttersprache. In den ersten Lebensjahren hatte ich einen Lockenkopf mit platinblonden Haaren. Die erste Schule war eine zweizügige Volksschule auf dem Land mit einer Lehrerin und einem Lehrer. In der Schule habe ich die ersten Worte Hochdeutsch gelernt. Meine Eltern zogen, als ich sieben Jahre alt war, mit mir vom Bauernhof in ein rheinisches Dorf, wo ich in eine mehrzügige Volksschule eingeschult wurde. Ich hatte einen Klassenlehrer, der mir immer wieder sagte und signalisierte: „Wilfried, obwohl Du in solch einer Dorfschule wie dieser bist, wird aus Dir im Leben noch was werden." Ich wusste nicht, was er meinte, (er vielleicht auch nicht). Er hatte Recht, wie sich im Laufe des Lebens herausstellte. Für mich war die Ermutigung wichtig, weil in diesen bäuerlich-dörflichen Verhältnissen kaum Inspirationen passierten.

Für heutige Verhältnisse ging es unkonventionell weiter, zwei Schuljahre in einem katholischen Internat (in der Zeit hatte ich Einblicke in diese Organisation, die mir dazu verhalfen, später aus „dem Verein" auszutreten), danach auf ein Gymnasium in Mönchengladbach, abgebrochen wegen mangelnder Leistungen in Latein, Mathe, und ..., Lehre als Groß- und Einzelhandelskaufmann, die ersten Lieben mit 16 Jahren: eine Kreidler Florett, eine NSU Quickly - 3 Gang, Mitglied in einer freien Jugendgruppe, Fachoberschule für Wirtschaft, Studium der Sozialarbeit im Fachbereich Sozialwesen. Meine Motivation zum Studium war damals: „Ich sorge mit dafür, dass es Menschen besser geht." Die Folge sollte sein, dass es „uns allen" besser geht. (Das war ein Fehlschluss, wie ich in späteren Jahren feststellen musste.)

Während des Studiums konnten wir einen Leistungsnachweis („Schein“) erbringen, indem wir an einer von einem Dozenten geleiteten Selbsterfahrungsgruppe teilnahmen. Ich nahm mehrmals an solchen Veranstaltungen teil, auch ohne mir einen Schein zu holen. Ich bekam Interesse an der Arbeit und Auseinandersetzung mit mir selbst. Zwischendurch war ich aus der katholischen Kirche ausgetreten. (Damals kostete es noch keine Gebühren, und ich konnte Steuern sparen.) Später habe ich als beamteter Sozialarbeiter in der Bewährungshilfe und in der ambulanten Psychiatrie gearbeitet. In dieser Zeit habe ich aus beruflichem und persönlichem Interesse viele berufsbezogene Fortbildungen und eine Zusatzausbildung gemacht. Eines Abends – ich war etwa 27 Jahre alt und voll im Leben und Beruf - saß ich zu Hause in meinem Sessel, hörte genussvoll Schallplatten (Beatles, Stones, Deep Purple, Mozart). Ich war rundum zufrieden mit dem, was ich für mich und im Leben erreicht hatte. Ich ließ in Ruhe mein aktuelles und bisheriges Leben an meinem inneren Auge und in meinem Gefühlsleben vorbeiziehen.

Es war gut, so befand ich. Richtig gut.
Ich war zufrieden mit mir, der Welt und allem, was es sonst noch geben sollte.
Gesund, einen festen und guten Job, guter Verdienst, politisch engagiert (natürlich bei den Richtigen), eine staatliche und eine private Krankenversicherung, Freundin, Freunde, schöne helle Wohnung mit dickem, grünem Teppichboden und einigen Möbeln meines Großvaters, die ich liebte. Der Rest des Lebens und sogar die Pension waren gesichert.
Irgendwie und aus dem Nichts tauchte eine zunächst leise und unscheinbare Frage auf: „Soll das alles gewesen sein?“
Die Frage wurde immer lauter und wurde so intensiv, dass ich von ihr erschüttert wurde. Ich hatte mich selbst grundlegend verunsichert. Ich weiß es noch genau. Ich wurde traurig, wütend, das Gefühl von Aussichtslosigkeit (trotz Aussicht auf eine gute Beamtenpension) kam auf.

Aussichtslosigkeit!!! Und das bei dem guten Leben und diesen Aussichten. Dann wurde mir schlagartig klar: Gerade deswegen kam das Gefühl der Aussichtslosigkeit auf. Diese Aussichten auf ein (wahrscheinlich) lang andauerndes und „gutes" Leben. „Das kann doch nicht alles gewesen sein!"
Es wurde noch schlimmer: „Da muss es doch noch mehr geben!"
Ich wusste nicht genau, was ich meinte, ich wusste genau, es gibt noch etwas anderes. Ich wusste, was ich nicht meinte: keine Weltreise, keinen Sekt, keine große oder kleine Politikerkarriere, kein sicheres und gut situiertes Beamtendasein.
Das war der Augenblick meines inneren Aufbruchs in eine andere Art zu leben. Das Herkömmliche, das Normale war auf – gebrochen. Was dann im Laufe der Jahre geschah, konnte ich in meinen „wildesten Träumen" nicht träumen.

Ich machte eine Zusatzausbildung, belegte innerlich suchend noch mehr und unterschiedlichste Fortbildungs- und Selbsterfahrungsgruppen. „Ich wollte es einfach wissen!"
Ich traf eine Gruppenleiterin, bei der ich spürte, dass sie das hatte, was ich suchte. Sie hatte „Es". Ich meinte, sie gehöre einer sufistischen Richtung an. (Mir ist bis heute nicht klar, ob das wirklich so war.) Ich lernte von ihr das, was man nicht in einer Psychoausbildung oder Selbsterfahrungsgruppe erfahren kann, trotzdem „es" in vielen Büchern geschrieben steht.
Sie war religiös verankert.
Ich war und bin im Menschen verankert.
Damals wusste ich nicht, dass es das Gleiche ist.

1982 hängte ich meinen Job als beamteter Sozialarbeiter an den Nagel und machte mich als freiberuflicher Sozialarbeiter selbstständig. 1982 veröffentlichte ich mein erstes Buch: „Das Polarity Handbuch." Das Buch war über mehrere Jahre mit einer Auflage von rund 60.000 Exemplaren sehr erfolgreich (für mich). 1982 und in den darauffolgenden Jahren ist viel passiert. Ich könnte es ein zweites Leben nennen.

Mir reichte die Polaritätsmassage, die ich in meinem ersten Buch beschrieb, in Tiefgang und Effektivität nicht mehr aus. Ich wollte mehr. Ich schuf mehr. Ich ging noch tiefer. (Mein Sonnenzeichen ist Skorpion) Mittlerweile sind zahlreiche Bücher, Videos, Vorträge hinzugekommen, sowie tausende Einzelsitzungen, Seminare und viele Ausbildungen, in denen ich mein Wissen weitergegeben habe. Ich arbeitete als Seminarleiter, Lehrer, Künstler, Autor und Coach.
Meine Frau Frauke, Pädagogin und Heilpraktikerin, und ich arbeiten seit vielen Jahren und sehr wahrscheinlich auch noch viele weitere kreativ, (meist) dynamisch und vor allem liebevoll zusammen. Das ist unsere Arbeit, die einen großen und wichtigen Teil unseres Lebens ausmacht.
Unsere Arbeit ist für uns mehr als Arbeit.
Es ist eine Herzensangelegenheit, die wir so lange machen möchten, wie es uns möglich ist.

Seit 1982 habe ich unterschiedlichste Methoden, mit unterschiedlichen Ansätzen zur Förderung des menschlichen Bewusstseins entwickelt:
Maltechniken zur Bewusstwerdung,
eine Methode zur Lösung von körperlichen, geistigen und psychischen Schatten,
eine Methode zum direkten Verständnis und zur Integration von Träumen,
eine Meridiantherapie,
eine Chakrentherapie,
eine Methode mit vielen Techniken, mit der man tief in die Selbsterfahrung mit Astrologie einsteigen kann,
eine Rückführungsmethode zur Erinnerung früherer Leben bis hin zum Anfang der Existenz (ohne Hypnose),
eine Rückführungsmethode zur Erinnerung epigenetischer Inkarnationen,
mehrere Meditationsformen,
Lernförderung für Kinder,
Intentionale und freie Bewegungen.

Ich habe viele weitere „kleine“ Techniken entwickelt, mit denen man konstruktiv und vitalisierend die innere und äußere Lebensqualität unterstützen kann. Ich male, komponiere, schreibe und fotografiere.

Man kann sich fragen, warum ich das gemacht habe und bis heute meine Erfüllung in der Weiterentwicklung lebensfördernder Methoden und Techniken finde. Ich kann dazu sagen: Ich mag mich, ich mag Menschen. Mir macht das Tüfteln Spaß. Ich kann auch weitere sinnige Frage stellen: „Warum komponiert ein Komponist?“ Ich stelle mir vor, ein Komponist antwortet mit einem Lachen im Gesicht: „Welch eine dämliche Frage.“
Ich liebe meine Arbeit.
Außerdem bin ich der Ansicht: Jeder Schmerz, der aufhört oder nicht stattfindet, ist ein Gewinn.
Jeder Mensch hat das Potenzial, zu sich zu kommen, wenn er will. Ich kann ihm mit meinem Wissen, mit den von mir entwickelten Techniken und mit meinem (unserem persönlichen) Einsatz behilflich sein.
Ich habe Leitsätze, die, wie ich finde, hierhin gehören:
„Glauben kann man alles, was man möchte, man kann es auch sein lassen und den Sachen auf den Grund gehen, um zu wissen.“
„Es gibt keine Wahrheit, außer man erfährt sie.“
„Transformation ist der Weg.“

Ich stehe gerne auf der Gewinnerseite, wenn es um das Ende von Leid geht, was durch Unbewusstheit und durch Nichtwissen hervorgerufen wird. Es tut mir im Herzen gut, wenn ich und die Menschen, die mit meinen Methoden und Techniken arbeiten, die Unbewusstheit verkleinern.

Uns (Frauke und mir) geht es schlussendlich um die Entwicklung des Bewusstseins zur Bewusstheit. In der Intention, mit der meine Methoden und Techniken angelegt sind, spielt der Grundgedanke der Hilfe zur Selbsthilfe die tragende Rolle.

Heute haben wir eine Praxis in einer niederrheinischen Stadt. Man könnte sie „Praxis für Bewusstheit und besseres Leben“ nennen. Wir leben hier gut und gerne.

Wer uns erreichen möchte, findet uns im Internet unter: https://teschler-coaching.de

EPILOG > DAS WEITERFÜHRENDE SCHLUSSWORT

Nun wissen Sie mehr, nun könnten Sie mehr.
Nun ist es Ihre Sache, aus dem Text etwas Gutes für sich zu machen.
Führen Sie die Idee, den Text und schließlich Ihr Leben weiter, so wie es Ihres ist.

Mahnung: Nicht so, wie es verlangt wird, mag es noch so klug und nett daherkommen.
Und wenn Sie Ihr Leben so gestalten, wie andere es wollen, dann tun Sie es bewusst und mit Genuss.

Das Wichtige ist, so finde ich, dass Sie der Gestalter, der Creator Mundi, der Schöpfer Ihres Lebens, Ihrer Welt und Ihres Universums sind.

Sie sind und bleiben es, so oder so oder so.

KONTAKT

Wilfried Teschler
Teschler GbR
D- 47798 Krefeld
Petersstraße 88
Telefon +49176 61201552

Videos https://youtube.com/user/Teschler1

Internet Web: https://reinkarnationstherapie-online.de
https://teschler-verlag.de
http://teschler-coaching.de
http://teschler-astrologie.de

Mail: info@teschler.info

Facebook: https://www.facebook.com/teschlerverlag/

Die Schaubilder auf Seite 80 bis 84 können Sie im Internet auf der Seite: https://teschler-coaching.de/die-schaubilder-aus-ich-stelle-mich-dem-leben/ kostenlos downloaden und in der Größe, wie Sie sie brauchen, ausdrucken.

Das Codewort zum Download heißt: Willwall1945avr

ANMERKUNGEN

[1] Abb.:

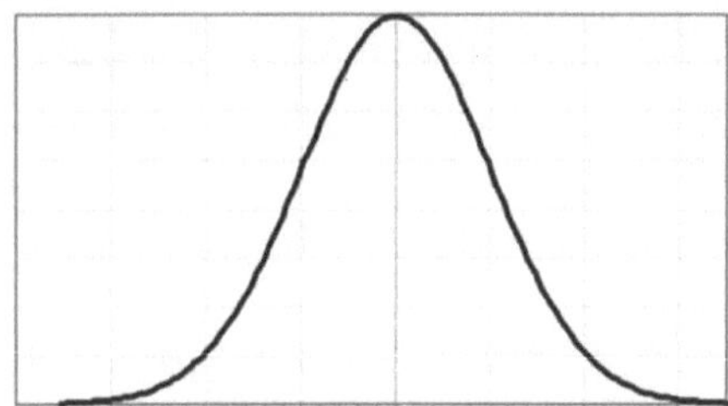

Gaußsche Kurve Normalverteilung

[1]die Grafik der statistischen Normalverteilung zeigt ein Bild der Normalität.

[2] Das ist sicherlich jetzt auch so, doch auf welchem Niveau, wenn man das konstruktive menschliche Potenzial des Menschen sieht.

[3] Als Drachenreiter bezeichne ich einen Menschen, der Herr seines Leben ist.

[4] Original von Marcus Tullius Cicero: Cui bono? = lt. Wofür ist das (gut).

[5] ich benutze das „immer“ sehr selten, weil ich Verallgemeinerungen im Allgemeinen (schon wieder eine Verallgemeinerung) sehr skeptisch gegenüberstehe. Ich halte es mehr mit der Individualisierung, wie man auch mit diesem Text sehen kann.

[6] wach sein heißt: Wissen, dass Sie wirklich und verantwortlich leben. Das ist eine Lebensqualität, die man nur erkennt, wenn man wirklich erwacht ist. Das muss man glauben, wenn man noch nicht wach ist, diejenigen, die wach sind, wissen, was das ist.

[7] Gehen Sie davon aus, dass anderen ihr Lebensthema fremd ist.

[8] im folgenden Text nutze ich unterschiedliche Ausdrücke gleichbedeutend zum Wort „Ideal“, weil sie inhaltlich gleichwertig, jedoch aus unterschiedlichen Sozialisierungsräumen der

Leser stammen. So können unterschiedliche Worte einen unterschiedlichen Zugang zur gleichen „Sache“ bilden.

[9] Das Ideal ist dem Lebensthema (s. o. übergeordnet). Das Lebensthema zeigt dem Menschen seine faktische Lebensaufgabe in prinzipieller Art und Weise an. Das Lebensideal ist die höchste innere Instanz und geistiger Natur.

[10] Exkurs: Ich unterscheide dabei deutlich zwischen Subjektivität und einem Standpunkt. Subjektiv nenne ich die beliebigen Meinungen. Das Erkennen von Fakten geschieht von einem festen Standpunkt aus. Ich verhüte das Wort Objektivität, weil es ein Trugschluss ist.

[11] natürlich kommt es auch auf das Thema an. Nicht jedes Thema gibt das her.

[12] Man kann diese Verstärkung selbstverständlich auch für die anderen Schlüsselsätze nutzen.

BÜCHER UND TEXTE

Der ewige Mensch – Reinkarnation aus neuer Sicht
Frauke und Wilfried Teschler
Ein Buch voller Geschichten rund um die Frage der Reinkarnation, der Wiedergeburt und ihrer Bedeutung für unser heutiges Leben. Der Leser lernt anhand von Beispielen aus der Reinkarnationstherapie, verschiedene Arten von Inkarnationen kennen und die Auswirkungen für das jetzige Leben nachzuvollziehen.
ISBN: 978-3-939578-54-3 Taschenbuch 16,99€ E-Book: 6,99€

Das Leben lieben - Trauma heilen
In früheren Leben erlebte Traumata wirken bis heute.
Erfahre ihre Bedeutung, wie man sie erkennt und sich von ihnen lösen kann.
Frauke Teschler
Viele Lebensprobleme werden verständlich und lösbar, wenn man Ereignisse und Traumata vergangener Erdenleben in die Auseinandersetzung einbezieht. Dieses Buch nimmt Sie mit auf eine Reise zur Lösung des bisher Unmöglichen. Zu Beschwerden, die nicht in diesem Leben entstanden sind und so gravierend waren, dass sie über Generationen hinweg weiterleben.
ISBN: 978-3-939578-66-6 Taschenbuch: 14,99€ E-Book: 6,99

Sieben gute Gründe, sich mit Reinkarnation zu befassen
Frauke Teschler
Der Gedanke der Reinkarnation fasziniert Menschen seit Jahrtausenden. Auch in unserer Gesellschaft nimmt das Interesse an ihm mehr und mehr zu, doch welche Fragen/Themen können in der Auseinandersetzung mit vergangenen Leben beantwortet werden und welche nicht?
E-Book: 5,80€

Reinkarnation und Selbstfindung
Nutze das Wissen um vergangene Leben für mehr Bewusstsein und Lebendigkeit.

Wilfried Teschler Hier erfahren Sie alles, was Sie über Reinkarnation wissen sollten, um deren Bedeutung zu verstehen. Geradeheraus und auf den Punkt gebracht.
ISBN: 978-3-939578-65-9 Taschenbuch 11,99€ E-Book 6,99€

Und ein Buch zu einem besonderen, der Reinkarnationstherapie assoziierten Thema:

Epigenetik trifft jeden - geerbte Probleme lösen
Frauke Teschler
Die gute Nachricht der Epigenetik ist: Wir können unser Erbgut ändern, wir sind einer erblichen Belastung nicht ausgeliefert. Das ist eine wunderbare Errungenschaft, die die Autoren anhand der Auseinandersetzung mit epigenetischen Inkarnationen erstmalig vorstellen.
ISBN: 978-3-939578-67-3 E-Book: 5,99€ Taschenbuch: 8,99€

Meridiantherapie
Meridiansysteme - Der kreative Umgang mit den Meridianen
Wilfried Teschler
Lerne einen vollkommen neuen Zugang zur Meridianenergie kennen! Mit Hilfe heilender Bewegungen wird die Meridianenergie angeregt und reguliert. Das ist Selbsthilfe und Gesundheitsprophylaxe der allerbesten Art.
ISBN: 978-3-939578-53-7 Taschenbuch 14,80€

Metameridiane: Bewegungsmeditationen - Kosmische Energien körperlich erfahren
Wilfried Teschler
Mit den Bewegungen und Haltungen der Metameridiane bekommt man den Zugang zu den hohen Energieformen des menschlichen Meridiansystems, direkt, problemlos und erlebbar. Erlerne eine vollkommen neue Art der Bewegungsmeditation!
ISBN: 978-3-939578-52-9 Taschenbuch: 11,80€
E-Book: 6,99€

Frauke & Wilfried Teschler
DER EWIGE MENSCH
Die Bedeutung vergangener
Leben verstehen